Knaur

Von Alexandra David Néel sind außerdem erschienen:
Der verborgene Türkis
Im Banne der Mysterien
Mein Indien
Mein Leben auf dem Dach der Welt
Mein Weg durch Himmel und Hölle

Über die Autorin:

1868 in St. Mandé bei Paris geboren, studierte Alexandra David-Néel als eine der ersten Frauen an der Sorbonne und am Institut für orientalische Sprachen. Ab 1888 verbrachte sie – unterbrochen von Lehraufträgen in Paris und Vortragsreisen in Europa – ihr Leben in Asien. Mit ihrem Adoptivsohn Lama Yongden reiste sie durch Indien, Sikkim, Nepal, die Wüste Gobi, China. In Tibet lebte sie über ein Jahr in einer selbstgebauten Hütte auf über viertausend Meter Höhe, studierte bei einem buddhistischen Lama und wurde schließlich als einzige Europäerin in den Stand eines Lama erhoben. Ihr Weg zu Fuß nach Lhasa, der verbotenen Stadt, bildete 1924 den Höhepunkt ihrer Asienreisen. Alexandra David-Néel ließ sich nach ihrer Rückkehr aus Tibet mit ihrem Adoptivsohn in Südfrankreich nieder.
Im Alter von hundert Jahren ließ sie sich ihren Reisepaß verlängern, weil sie in die Sowjetunion reisen wollte. Im September 1969 starb sie mit 101 Jahren.

ALEXANDRA DAVID-NÉEL

RALOPA

Der Meister geheimer Riten
und andere unbekannte tibetische Texte

Aus dem Französischen von
Ursula von Mangoldt

Knaur

Die französische Originalausgabe erschien unter dem Titel
»Textes tibetains inédits«.

Besuchen Sie uns im Internet:
www.knaur.de

Dieser Titel ist bereits unter der Bandnummer 3935 erschienen
Neuausgabe 2002
Droemersche Verlagsanstalt Th. Knaur Nachf., München

Umschlaggestaltung: ZERO Werbeagentur, München
Umbruch: Ventura Publisher im Verlag
Druck und Bindung: Nørhaven Paperback A/S
Printed in Denmark
ISBN 3-426-77571-9

2 4 5 3 1

INHALTSVERZEICHNIS

Einleitung

Ein Überblick über die hier in Übersetzung gebotenen tibetischen Texte lassen sofort deren verschiedenartigen Charakter erkennen. Roman, Biographisches, Geschichte, Auszüge aus Werken der Philosophie usw. sind Inhalte dieser Sammlung. Und doch wird der Leser feststellen müssen, daß diese Texte trotz ihres verschiedenartigen Charakters von einem ihnen allen gemeinsamen, besonderen Geist durchtränkt sind.

Man könnte versucht sein, ihn als »religiösen Geist« zu bezeichnen; aber nichts ist dem religiösen Geist, wie er im Westen verstanden wird, ferner als das geistige Klima, in dem die Verfasser dieser Texte sich entfalteten, in dem das ganze tibetische Volk sich bewegt.

Die durch ein Gefühl leidenschaftlicher Hingabe an einen Gott bestimmte Art von Mystik, der wir bei den christlichen Heiligen oder den Hindu-Bhaktas begegnen, ist Tibetern wie Chinesen gleichermaßen fremd. Ja, ein solches Gefühl ist ihnen gänzlich unverständlich.

Der beschauliche Tibeter versucht sich nicht einem Gott zu nähern oder sich mit ihm zu vereinen; er sucht eine Erkenntnis zu erwerben, die ihm gestattet, sich von den geschöpflichen Irrtümern und Täuschungen unserer leidvollen Welt zu befreien, und wird diese der Wirklichkeit gegenüberstellen.

Seine liebevollen Ergüsse wenden sich an seinen Guru, seinen geistigen Lehrer, an den Menschen, der ihn auf den Weg der Erleuchtung führt.

Je nach der Eigenschaft des Lehrers können die empfangenen Lehren und Methoden hohe Philosophie sein oder dem besonderen System angehören, das die stete und genaue Beobachtung als Mittel zum Verständnis des Spiels der Kräfte und ihrer tiefgründigen Natur rühmt; Lehren und Methoden können aber auch völlig abwegig erscheinen.
Das vom Schüler erzielte Ergebnis aber bleibt immer das gleiche: er will *wissen.*
Die Vorstellung, die sich der Schüler über das von ihm verfolgte Wissen macht, ist nach seiner Intelligenz verschieden. Zahlreich sind jene, die das Geheimnis der magischen Kräfte besitzen wollen; Aufgeklärtere wollen die Grundlagen erforschen, über die sich, wie ein über das Meer streichendes Schiff, das Blendwerk der Welt legt, und ein sicheres Mittel gewinnen, um sich vom mühseligen Rad der wiederholten Leben zu befreien. Immer, in allen Graden, ist das Forschen des Schülers ein geistiges.
Die Gottheiten, an die der Tibeter glaubt, werden von ihm als Freunde, als Verbündete angesehen, die seinen Anstrengungen zu helfen vermögen, als Gegner, die ihm hierbei Hindernisse in den Weg legen wollen, oder als Feinde, die es zu bezwingen oder zu vernichten gilt.
Alle ungewöhnlichen und oft verwirrenden Gestalten der reichen tibetischen oder indischen Mythologie ergötzen sich auf den Hochebenen des Schneelandes rings um die gebildeten Bewohner der großen Klöster wie um die schwarzen Zelte der barbarischen Hirten auf den einsamen Almen.
Ihr Schatten und Einfluß greifen auf die Verfasser der vorliegenden Texte über, in denen wir überall dieser Spur begegnen, gleichzeitig mit jener Lehre der befreienden Erleuchtung, die im Hirn aller Tibeter spukt.

Jetzt, da die Vereinigung Tibets mit dem neuen China die Aufmerksamkeit auf dies geheimnisvolle Hochland und seine Bevölkerung gezogen hat, bieten die nachstehend gebotenen Texte ein besonders zeitnahes Interesse. Der Leser sollte wirklich wissen, daß diese alte Literatur nicht einfach die Geisteshaltung der Tibeter aus früheren Jahrhunderten, sondern gleicherweise die der heutigen Nachfahren ist. Die in diesen Texten erscheinenden Götter und Dämonen leben, wenn nicht in den beunruhigenden Einöden Tibets, so doch im Geist ihrer Bewohner weiter, und der Glaube an die Wirksamkeit der magischen Riten bleibt immer mächtig, selbst bei jenen Tibetern, die in westlichen Wissenschaften ausgebildet worden sind.

Ralopa

Der Meister geheimer tibetischer Riten

Ralopa genießt nicht eine annähernd so große Berühmtheit wie der Asket und Dichter Milaraspa. Die Erinnerung an ihn lebt nur in den geschlosseneren Kreisen der Nagspas, der Adepten der »geheimen Worte«, zu denen je nach dem Niveau der Menschen Esoteriker wie Magier und Zauberer gehören, die am Rand der offiziellen tibetischen Priesterschaft wirken.
Die Zeit, in der Ralopa lebte, ist nicht genau festzustellen. Aller Wahrscheinlichkeit nach ist es das neunte Jahrhundert vor der Klosterreformierung und der Errichtung der Sekte der Galongspas durch Tsong Khapa. Man muß sich aber vor der Annahme hüten, daß Tsong Khapa kategorisch Glauben und Übungen der Nagspas verdammte und sie aus Tibet auszuschließen versuchte. Tsong Khapa selbst war erfüllt von den Lehren des shivaistischen Tantrismus Nepals, der kaum verkleidet sich in den erst spät eingeführten Buddhismus einmengte. In Tibet hatten sich diese Lehren und Übungen des Buddhismus sofort mit denen der alten Landesreligion vermischt, dem Bön, der den volkstümlichen Taoismus so verwandt ist, daß die Chinesen nicht zögerten, beide für identisch zu halten.
In unseren Zeiten beherbergen die großen lamaistischen Klöster auch ein Kollegium der Nagspas. Diese leben in einem gesonderten Bau, der einen Tempel umfaßt, in dem sie ihre eigenen Riten zum Heil ihrer Nachbarn, der orthodoxen Mönche aus-

führen, ohne diese in ihre Kenntnisse einzuweihen. Es handelt sich im wesentlichen um magische Riten, bestimmt, die örtlichen Gottheiten oder die gefürchteten Dämonen günstig zu stimmen oder zu unterwerfen, damit sie das Kloster, seine Gäste und Anhänger beschützen und ihnen alles wünschenswerte Wohlergehen sichern.

Auszüge aus der Biographie des Ralopa

Ralopa[1)] wurde in Long yul Gnes nam[2)] geboren, auf den Höhen des Südens, einem begünstigten Gebiet zwischen mächtigen Bergen, das Geburtsland zahlreicher hervorragender Ärzte ist. Der obere Teil des Tales, in dem sein Geburtsort liegt, wird von Dokspas (hbrog pa), zeltenden Bauern, bewohnt; der mittlere Teil ist bewaldet. Man findet hier Obstbäume und Wälder von herrlichen blühenden Bäumen. Es ist eine fruchtbare Gegend, voll üppigen Korns, deren Erde rein und deren Berge hoch sind. Ein aus den Schneebergen herabfallender Fluß durchzieht den unteren Teil des Landes.

Es ist das Land der Vollendung der zehn Tugenden.[3)]

Ralopas Vater hieß Ra ten Konchog Dordji.[4)] Seine Vorfahren umschlossen sieben Generationen von Nagspas. Er selbst war erfahren in der Kunst der Nags (snags: magische Formeln).

Ralopas Mutter hieß Dordji pal dzom[5)]; sie trug das Zeichen einer großen Muschel.[6)]

Dieses Paar hatte fünf Söhne. Ralopa war der Mittlere (der Dritte). Als seine Mutter ihn trug, träumte sie von einem roten Mädchen, geschmückt mit Menschenknochen.[7)] Dieses sprach zu ihr: »Komm in mein Land«, und führte sie in eine weite liebliche Gegend. Sie kamen an einen herrlichen Palast, in dessen Innerem rote, weiße, blaue, gelbe und grüne[8)] Mädchen sich befanden; alle waren mit Juwelen und Geschmeide aus Menschenknochen geschmückt.

Man gab der künftigen Mutter vortrefflichste Dinge zu essen und zu trinken, die sie vorher nie geschmeckt hatte.

Dann reinigte das rote Mädchen, das sie hingeführt hatte, mit einer Flüssigkeit aus einer goldenen Vase, deren Hals mit Türkisen geschmückt war, die Mutter äußerlich und innerlich, bis sie einem reinen Kristall glich.

Nach kurzer Zeit erschien Jampayang.[9)] Sein strahlender Anblick übertrifft jede Beschreibung. Er bestieg einen türkisblauen Drachen mit goldenen Flügeln und blitzender Mähne. Fast im gleichen Augenblick schien es Dordji pal dzom, als würde sich die Erscheinung in ihre Brust einsenken und aus ihr eine Stimme sprechen: »Der Geist ist von Natur rein,
Die Nicht-Zweiheit von Samsara und Nirvana ist Seligkeit.
Die drei Körper sind selbstgeschaffen.[10)]

Beim Vernehmen dieser Stimme wachte sie auf.

Ein anderes Mal träumte die künftige Mutter Ralopas, daß sie einen breiten Fluß überquere. Sonne und Mond strahlten zu gleicher Zeit – ein wunderbares Zeichen.

Von dieser Zeit an fühlte sie sich leicht und wohl. Oftmals überstrahlte ein Regenbogen das Haus; Vögel und wilde Tiere umwandelten es gruppenweise in einer Prozession.

Als die Monate der Schwangerschaft gekommen waren, träumte Dordji pal dzom, daß sich Menschen verschiedener Art versammelt hatten, um ein Schauspiel zu betrachten.[11)] Sie fragte diese im Traum: »Wo kann man etwas sehen?«, und sie antworteten: »Hier.«

Da öffnete sich ihre Brust, und man sah einen schimmernden Säbel, der sich in einen unzerstörbaren Körper verwandelte. Dieser breitete sich aus und erfüllte das ganze Weltall.
Auch Konchog Dordji hatte einen Traum. Er träumte, daß ein schöner kräftiger Baum aus dem Nabel seiner Frau emporwachse. Die Blätter, Blüten und Früchte dieses Baumes reiften im gleichen Augenblick und gaben allen Wesen Nahrung. Ein goldener Papagei, der auf der Spitze des Baumes saß, ließ ein liebliches Lied ertönen, das alle Anwesenden begeisterte.
Am nächsten Tag erzählten sich Vater und Mutter gegenseitig ihre Träume. Sie waren voller Staunen und kamen überein, daß ihnen ein Tulku[12)] geboren würde, ein Wohltäter für alle.
Dordji pal dzom gebar am zehnten Tag des Monats des Siegel (Gyal gyi da[13)] am Morgen ohne Schmerzen ihren Sohn, während aus heiterem wolkenlosem Himmel ein feiner Regen fiel.[14)]
Zu gleicher Zeit erschienen am Himmel Sonnenschirme aus gestickter Seide[15)] mit herabhängenden Fransen und verschiedenen Verzierungen. Der Himmel war voll von ihnen.
Nährender Saft stieg in allen Pflanzen (trotzdem es Winter war) auf. Die Erde wurde von Blumen übersät. Liebliche Wohlgerüche verbreiteten sich in der Luft. Alle Arten von Wunder offenbarten sich.
Etwa sechs Monate nach der Geburt des Kindes, als es die Mutter auf ihren Knien hielt, erschien Palden Dordji Lamo[16)], nahm es in die Arme und trug es durch den Himmel. So durchflog es ganz Tibet: die hohen Regionen von Ngari Korsum, die Mitte U, Tsang rou ji und das untere Land Do, Khams und Gang. Sie zeigte ihm alle diese Länder und sagte: »Du wirst alle Menschen, die auf diesen Erden leben, erziehen.«
Nach dieser Reise brachte Palden Dordji Lhamo das Kind wie-

der auf die Knie der Mutter zurück, und wenn auch nur einige Monate[17)] vergangen waren, so hatte es jetzt die Größe eines fünfjährigen Kindes.

Vater und Mutter Ralopas, die ihr Kind verloren glaubten und von tiefem Schmerz erfüllt waren, freuten sich unsagbar, als sie dieses Wunder sahen und nannten das Kind Ngo tsar tchung nes.[18)]

Ihrerseits gaben die Bewohner des Landes, die das Verschwinden des Knaben mitangesehen hatten und ihn nun wieder heil zurückkehren sahen, ihm den Namen Tchi med Dordji.[19)]

Während seiner Kindheit ähnelte Ralopa nicht den gewöhnlichen Kindern. Er zeigte sich voller Güte und hing nicht im geringsten an Essen und Trinken. Er verstand die wirkliche Bedeutung seiner Träume, erinnerte sich an seine früheren Geburten[20)] und erkannte, daß die Welt (Samsara) keine eigene Wesenheit besitzt.[21)] Keine Insekten berührten seinen Körper. Überall, wo er erschien, strahlte er Frieden aus.

In seinen Träumen besuchte er viele Welten. Er flog durch den Himmel, predigte oder hörte Predigern zu und erblickte das Antlitz Buddhas.

Die wunderbaren Erscheinungen am Himmel hielten an.

Als er sechs Jahre alt war, brachte ihm sein Vater das Lesen bei, das er ohne Schwierigkeiten lernte.

Weiter wird von wunderbaren Talenten berichtet, wie dies gewöhnlich in den Biographien religiöser Persönlichkeiten Asiens geschieht. So war Ralopa mit neun Jahren aller Handwerke, Künste und Wissenschaften kundig und erweckte die Bewunderung seiner Umgebung.

Wir fahren im Text fort.

Mit zehn Jahren trat Ralopas Eigenart hervor.[22] Sein Vater gab ihm alle Bücher in die Hand. Man bereitete einen Ehrensitz für ihn, auf dem er predigte. Er kannte die magischen Riten.[23]
Als er zwölf Jahre alt war, wurde ein Mädchen aus edlem Haus mit Namen Gematcham zu ihm geführt, um seine Gattin zu werden. Herkunft und Reichtum waren hervorragend. Sie war hübsch und hieß das Wunder von Gnesnam (das Dorf Ralopas).
Trotzdem lehnte Ralopa sie ab: »Ich will keine Frau«, sagte er.
Sein Vater antwortete: »Um die geheimen Riten des Mahayana ausführen zu können, muß man eine Frau haben.«
Um die Befehle seines Vaters nicht zu verletzen, verheiratete sich Ralopa endlich und bezeugte hiermit seine Ehrfurcht gegen die Eltern.
Sein Ruf als Weiser verbreitete sich weithin.
Ralopa war mitleidsvoll gegen die Unglücklichen. Er tat Gutes und erfüllte aller Wünsche mit seinen Gaben. Zu gleicher Zeit aber war er eigensinnig und erlaubte keinem, ihn zu beherrschen. Denen, die ihm mißfielen, sagte er häßliche Worte und schlug sie, selbst wenn sie wichtige Vorgesetzte waren.
Sein Vater, den ein solches Verhalten beunruhigte, verbannte ihn in die Einsamkeit.[24]
Während er vom zwölften bis zum vierzehnten Jahr in Zurückgezogenheit lebte, lernte er auf vollkommene Weise die Anwendung magischer Riten und Formeln. Physische und seelische Hindernisse leisteten ihm Widerstand, doch zugleich stiegen Zeichen auf, die Zeugnis gaben, daß seine Fehler und Unreinheiten ausgelöscht waren. Allein die Gegenwart[25] offenbarte sich ihm nicht. Eines Nachts erblickte er eine Frau, geschmückt mit Knochenschmuck, die zu ihm sprach:
»O du glücklicher Sohn einer edlen Rasse, der du Vertrauen,

Kraft zum Durchhalten und Klugheit besitzest, bleibe nicht hier. Gehe nach Nepal. Dort wirst du deinen Lama[26)] finden. Er heißt Marme dze pal.[27)] Bitte ihn, daß er dir seine tiefe Lehre übermittelt und erweise dich nützlich gegenüber den Menschen, o Sohn einer edlen Familie.« Nach diesen Worten flog sie davon. Dies träumte er.

Nach dem Erwachen versenkte er sich in eine so tiefe Konzentration der Gedanken (tingnedzin),[28)] die er bisher niemals erreicht hatte. Heftig strömten Tränen aus seinen Augen und ein tiefer Glaube erwachte in ihm. Inständig betete er:[29)] »Möge es mir vergönnt sein, in Kürze diesem Lama zu begegnen.«
Am nächsten Tag bat er seine Eltern:
»Laßt mich nach Lho Palyul (das mittägliche Land des Südens, das wir Nepal nennen) gehen, um die Lehre zu suchen.«
Vater und Mutter antworteten:
»Da die Lehre in Bodyul (Tibet) verbreitet ist, warum mußt du sie in Nepal suchen?«
»Ein Befehl[30)] ist an mich ergangen«, gab Ralopa zur Antwort.
»Welcher Befehl?« fragte der Vater. »Weil du nicht in Zurückgezogenheit leben kannst (um die Früchte zu genießen, die aus der Meditation entstehen), verachtest du dein einsames Leben.«
Ein Jahr verging. Da erschien mitten in der Nacht die gelbe Frau, die Ralopa im Traum gesehen hatte, vor der Tür der Hütte, in der Ralopa eingeschlossen war. Sie war von zahlreichem Gefolge begleitet und sprach zu Ralopa: »Seit langem bin ich deine Beschützerin. Ich habe dir geraten nach Nepal zu gehen. Dort wohnt der Meister Baro[31)], von dem du die höchste Verwirklichung erfahren wirst.«[32)]
Hierauf verschwand die Frau, und das Gefolge, das sie begleitet

hatte, verstreute sich mit großem Lärm und wurde unsichtbar.
Am nächsten Tag suchte Ralopa seine Eltern auf und wiederholte die Bitte, nach Nepal zu gehen.
Sein Vater dachte: »Dieser Knabe gleicht nicht mehr den anderen. Vielleicht hat wirklich eine Kahdoma[33)] zu ihm gesprochen. Es ist zweifellos besser, ihn ziehen zu lassen.«

Als Ralopa seine einsame Hütte verließ, brachte man den Bildern der Gottheiten viele Opfergaben dar, bezeugte dem wichtigsten der Nagspas Verehrung und sprach Gelübde, damit die Reise Ralopas glücklich verlief.
Seine Eltern gaben ihm zehn Unzen Gold. Jeder seiner Brüder ein sho.[34)] Auch jeder Bewohner brachte ihm ein wenig Gold, so daß Ralopa im ganzen zwanzig Unzen Gold besaß.
Nun suchte er sich Weggenossen, fand aber keine, so daß er sich allein auf den Weg machte zu dem Lama, der sein Lehrer werden sollte.
Der Weg war voller Schwierigkeiten und Gefahren. Zahlreiche breite und furchterregende Flüsse waren zu durchqueren, dichte Wälder, in denen wilde Tiere hausten, und hohe Berge, von gefürchteten Banden bewohnt.
Nachdem Ralopa alle diese Schwierigkeiten überwunden hatte, kam er in Yerang (tibetischer Name der Stadt Patan in Nepal) an. Das Land Nepal hat die Gestalt einer geöffneten Lotusblume. Es ist reich und angenehm. Verschiedene Arten Korn wachsen hier, acht Flußarme bewässern es. Man findet viele Brunnen, deren Wasser von gutem Geruch ist und Gärten, in denen Heilkräuter wachsen.
Herden von Pferden, Elefanten und Schweinen streifen friedlich durch die blühenden Wiesen.

Da Buddha einst dieses Land durchzog und seine Lehre verkündete, sind die Gegenden, die sein Fuß berührte, zu wunderbaren Pilgerorten geworden.
Zahlreiche Pandits, Pawos[35)] und Dahdomas leben in dem Land. Es umschließt auch zahlreiche Friedhöfe (Turteu).[36)]
Das Land ist in seiner Herrlichkeit dem himmlischen Aufenthalt der Gandharvas (musizierender indischer Gottheiten) zu vergleichen. An seinen äußersten Grenzen liegen Wälder verschiedenartigster Bäume: Obstbäume, Sandelholzbäume, Akazien und andere.
Vögel, Kuckucke, Papageien und verschiedene kleine Vogelarten fliegen hier nach allen Seiten und singen harmonische Lieder.
In der Mitte des Landes liegen hundert große Städte. Vier große Straßen durchziehen es. Die Berge, die es umgeben, haben vier Ausgänge.[37)]
Die Bevölkerung wohnt in hunderttausend Häusern, die alle von gleicher Größe sind.
Die Ernten sind voller Überfluß und das Land ist reich an Menschen und Tieren.
Der königliche Palast umschließt Gebäude, herrlich geschmückt von Bildhauerarbeiten und mit Kristall, Jade, Elfenbein so kostbar verziert, daß sie nicht zu beschreiben sind.
Längs der breiten Straßen liegen zahlreiche wohlhabende Läden, die in großer Menge Waren aus verschiedenen Ländern besitzen. Die Bewohner des Landes sind reich und tun sich gegenseitig nichts Böses an. Sie sind vollkommen glücklich und verbringen ihre Zeit mit Vergnügen und Lachen; die Frauen singen, spielen Violine[38)] und Flöte.
»Auf allen Seiten stehen Statuen der Gottheiten; unzählige Op-

fergaben werden ihnen ohne Unterlaß dargebracht. Wo immer man auch hingehen mag, die Gegend ist überall schön und gut. Wen immer man auch treffen mag, sein Verhalten ist erfreulich.«
Als Ralopa, der aus dem Norden der Stadt kam, nach der Wohnung des großen Dubtob Bharo[39] fragte, erhielt er die Antwort: »Er wohnt in einem Kloster (gompa), das über dem Tal liegt, in der Gegend, die Yerang Gnila teng (steng) heißt.«
Von einer kleinen Anhöhe aus sah er das Kloster.
Yogi aus Nepal und die Leute des Lamas Bharo kamen ihm zum Empfang entgegen.
Ralopa dachte bei sich: Ich kenne diese Menschen nicht, und er sprach zu ihnen: »Ihr irrt euch und haltet mich für einen anderen.« Sie aber antworteten: »Wir irren uns nicht. Heute morgen sagte uns der Lama: Ein ehrenwerter Mann wird heute aus Tibet kommen. Geht alle, ihn zu empfangen. Nun wollen wir den Weg zur Wohnung des Lamas hinaufsteigen.«

Ralopa befand sich auf einem engen Pfad, der in den Fels geschlagen, am Rand eines steilen Berghanges entlangführte. Weiße Felsen umgaben ihn, die liegenden Elefanten glichen. Etwas höher durchschritt man breite, mit Gras bewachsene liebliche Schluchten, in denen viele hübsche Pflanzen wuchsen. Noch höher durchquerte Ralopa blühende Wiesen, von großen und kleinen Wasserfällen durchzogen. Eine große Anzahl von Vögeln sang in den dichten Wäldern, die diese Landschaft einzäunte. Inmitten dieser schönen Einsamkeit erhob sich die Behausung des Lamas.
Ralopa begrüßte den Lama und brachte ihm in Verehrung sieben Rollen Seide[40] dar.

Der Lama sprach zu ihm:
»Du hättest voriges Jahr kommen sollen.[41] Warum hast du bis heute gewartet?«
»Ich hatte zwingende Gründe«, gab Ralopa zur Antwort. »Nun aber habt die Güte, mich in die tiefe Lehre einzuführen.«
»Es ist gut«, sagte der Lama. »Opfere mir alles, was du besitzt als Lohn für deine Einweihung.«[42]
Da gab ihm Ralopa, was er gesammelt hatte.[43]
Der Lama sprach weiter:
»Wenn du noch mehr hast, gib mir auch das.«
Ralopa zog das Kleid aus, das er trug, und gab es dem Lama.
»Gib noch mehr«, sagte dieser.
»Ich schenke euch meinen Körper, mein Wort und meinen Geist«,[44] erwiderte Ralopa.
Der Lama war zufrieden und sprach: »Wahrhaftig, der Glaube der Tibeter ist stark (nicht unbeständig)«,[45] und er wandte sich an Ralopa und befahl ihm:
»Baue jetzt ein Tsogs khor«,[46] und er gab ihm alles Gold zurück, das er empfangen hatte.
Ralopa verwendete drei Unzen Gold, um das Notwendige zum Errichten des Tsogs khor zu besorgen; sieben Unzen bewahrte er als Lohn für seine Einweihung.

Der Lama verlieh ihm die Einweihung des Dordji Phagmo und lehrte ihn Methode und Art, die tantrischen Sadhanas[47] und die mit ihnen verbundenen Übungen auszuführen.
Hierauf lernte Ralopa noch eine Menge anderer Lehren, die von den verschiedenen Pandits aus Nepal unterrichtet wurden. Dann ging er wieder auf Pilgerschaft, um die Orte zu besuchen, die Phags pa shing kun[48] genannt werden. Auf seinem Wege begeg-

nete er einem Brahmanen mit Namen Mutegspa (Adept der Hindu-Religion) Phurna, der Schwarze.
»Werde mein Schüler«, schlug dieser Ralopa vor.
»Wer bist du, und welche Lehre unterweist du?« war die Antwort.
Phurna sprach:
»Ich lehre die vier Wissenschaften[49)] und was mit diesen zusammenhängt.«
Da blickte der Geist Ralopas zurück (er erinnerte sich an den Lama, seinen Meister) und antwortete:
»Man steigt nicht vom Pferd, um einen Esel zu reiten. Wenn man Zugang hat zur Lehre Buddhas, ist es nicht möglich, in die Lehre der ›Menschen von draußen‹ (die Tchi rol pas)[50)] einzutreten, die Anhänger der Hindu-Religion sind.«
Diese Antwort erregte den Zorn des Phurna.
»Dein Eigensinn ist lächerlich. Wir wollen diskutieren, welche die bessere Lehre ist, die der Tchirolpas oder der Nangpas (»Die Menschen von drinnen«, die Buddhisten).«
Nachdem beide miteinander diskutiert hatten, blieb Ralopa Sieger. Muthegspa aber gab sich nicht geschlagen.
»Du bist geschickt mit Worten«, sagte er zu Ralopa, »doch siehe zu, was dir in sieben Tagen geschehen wird.«
Ralopa umwandelte in Anbetung einen Chörten und warf sich vor ihm nieder, während Muthegspa den Sadhana des Phurbus ausführte.
Nachdem fünf Tage verstrichen waren, begegneten Ralopa, der zu jener Zeit den Sadhana des Dordji Phagmo übte, außergewöhnliche Dinge. Manchmal hielt die Wirkung der Riten die unangenehmen Ereignisse wunderbarer Art auf. Dann aber begannen diese wieder zu wirken. Ralopa wurde unruhig.

Diese Dinge dürfen sich nicht mehr ereignen, dachte er bei sich, und er ging zu seinem Lama zurück, um ihn um Rat zu bitten.
Dieser fragte ihn:
»Mein Sohn, hast du Götter oder gefährliche Dämonen beleidigt? Hat Muthegspa magische Formeln gegen dich ausgesprochen? Oder hast du dich gegen die Befehle der Lamas und der Religion gestellt?
Gestern sah ich im Traum einen Chörten aus Gold, der auf dem Kopf stand. Ich träumte, Sonne und Mond wären auf eine Tiefebene gefallen. Dann kamst du. Dies ist eine schlechte Vorbedeutung.«
Ralopa gestand:
»Ich habe mit Muthegspa Phurba nagpo gestritten.«
»Das ist sehr schlimm, sehr schlimm«, erklärte der Lama. »Phurba nagpo ist der mächtigste von dreihundert Muthegspa. Er verursachte den Tod einer großen Menge Frommer in Indien und Nepal. Um dich zu schützen, müssen mächtige magische Kräfte aufgerufen werden. Alles andere wäre unnütz.
Ich besitze die tiefe und sehr wirksame Formel Ounitchi, die strafen und verbrennen kann. Ich werde sie dir offenbaren.«
Da bot Ralopa dem Lama eine Unze Gold an, und dieser übermittelte ihm die Formel und gab ihm die notwendigen Anweisungen, um sie erfolgreich anzuwenden.
Hierauf breitete Ralopa auf seinem Bett ein Bild[51)] aus, das Dordji Phagno darstellte und schrieb auf einen flachen Stein die magischen Formeln, die der Lama ihn gelehrt hatte. Dann setzte er sich in einen Krug und legte den Stein als Deckel darauf. In dieser Lage sagte er ohne Unterbrechung die magischen Sätze des Lama auf.

Gegen Abend hörte er einen großen Lärm. Er wagte einen Blick nach draußen und sah wie ein magischer Dolch (phourba), an dessen Griff eine rote seidene Schärpe befestigt war, gegen die Tür geschleudert wurde und sie so heftig traf, daß sie sich spaltete.

In der Mitte der Nacht erhob sich wieder Lärm und Ralopa sah, wie ein anderer Dolch auf das Bild fiel, das auf dem Bett lag und es zerbrach.

Bei Sonnenaufgang erschienen erneut Dolche mit großem Lärm und trafen auf die verzierten Pfeiler, die das Zimmer stützten. Das Holz zerbröckelte wie Sand.

Ralopa aber geschah nichts.

Als Muthegspa durch das Geschwätz der einen und anderen hörte, daß Ralopa nicht gestorben war, empfand er einen so heftigen Ärger, daß er sich selbst tötete.

Ralopa dachte darüber nach, daß es verschiedene Arten geben müsse, die Formel (Mantra) Ounitchi anzuwenden, um unterschiedliche Wirkungen zu erzielen. So fragte er den Lama nach ausführlicheren Unterweisungen.

»Weiter gibt es nichts«, antwortete dieser. »Ich habe dir die ganze Lehre übermittelt. Nun gehe und übe dich nach meinen Unterweisungen.«

Hierauf brachte Ralopa dem Lama alles dar, was ihm noch an Gold verblieben war. Er umschritt ihn voller Ehrerbietung,[52)] warf sich vor ihm nieder, nahm Abschied und machte sich wieder auf den Weg nach Tibet.

Auf einem Marktplatz in Nepal fühlte er sich von hinten am Rock gezogen. Er drehte sich um und sah eine sehr schöne Frau, geschmückt mit Gold und Türkisen.

Sie sprach zu Ralopa:

»Der du nicht die ganze Lehre empfangen hast, wo willst du hingehen?«
Ralopa antwortete: »Mir ist die ganze Lehre mitgeteilt worden, und ich gehe nach Tibet zurück.«
Da sprach die Frau: »Wenn man die Hauptsache verwirft, klammert man sich an das Zweite.«[53)]
»Was soll ich tun?« fragte Ralopa.
Die Frau antwortete: »Der Lama hat eine tiefere Lehre, als die er dir mitteilte. Gehe zurück und frage ihn.«
Nach diesen Worten löste sich die Frau wie ein Regenbogen auf.
Ralopa kehrte zu dem Lama zurück. Dieser fragte ihn:
»Warum bist du zurückgekehrt?«
»Ihr habt noch eine andere tiefere Lehre. Gebt sie mir«, antwortete Ralopa.
»Ich habe absolut nichts anderes, als was ich dir gab. Du kannst meine anderen Schüler danach fragen.«
Diese Antwort befriedigte Ralopa nicht, und er zweifelte weiter.
Da er sich länger beim Lama aufhielt, sah er, wie dieser jeden Abend bei Einbruch der Nacht in die benachbarten Wälder ging. Eines Abends folgte er ihm. Sie kamen in einen Birkenwald, in dem viele Blumen wuchsen.
In der Mitte dieses Waldes war eine tiefe Höhle, in der sich eine Quelle befand.
Ralopa folgte dem Lama in die Höhle hinein und sah darin ein Bild (thanka), das Dordji Djigsdje darstellte. Vor diesem Bild lagen fünf verschiedene Arten von Opfergaben.
Der Lama saß vollkommen nackt, nur geschmückt mit Menschenknochen, vor dem Bild und wiederholte Mantrams.[54)]
Als Ralopa ihn in dieser Haltung sah, überfiel ihn ein brennender Glaube; Tränen rannen ihm die Wangen herab. Er fühlte

sich zugleich glücklich und unglücklich. Viele Male warf er sich zu Füßen des Lamas und flehte ihn an:
»O kostbarer Lama, wahre Verkörperung der Buddhas der drei Zeiten,[55] Beschützer der Menschen, erweist mir euer Wohlwollen! Ich habe euch Körper, Herz und Geist gegeben, ihr habt mir versichert, daß ihr mir die tiefen von den Lamas verborgenen Lehren, die geheime Weisheit, die vollständigen Vorschriften gegeben hättet. Euer Wort aber war nicht die Wahrheit. Ich bin erschüttert, verzweifelt. Nun verlange ich mit aller Kraft nach dieser tiefen Lehre.« Und heftig fügte er hinzu: »Bis ihr sie mir nicht mitgeteilt habt, bewege ich mich nicht von hier fort, müßte ich auch bleiben, bis mein Körper zerfällt.«
Der Lama antwortete:
»In der geheimen höheren Lehre ist unter einem Meer (Menge) von Erklärungen der wahre Inhalt, die Unterweisung des tiefen Pfades verborgen: er führt zur Erkenntnis in diesem Leben.[56]
Die Menschen des kleinen Verdienstes vermögen diese Lehre nicht zu begreifen. Der hohe Pfad der Tiefe, der Pfad des Dordji Djigsdje[57] ist der hervorragendste aller Wege. Er erreicht das Ziel der höchsten Lehre, aber dies ist keine Sphäre der Wirksamkeit im Bereich von Menschen ohne seunam.[58]
Wer diese tiefe Unterweisung erbittet, muß Gold und andere Kostbarkeiten opfern. Er muß den Müttern Kahdo[59] gefallen, indem er für sie einen symbolischen Kreis[60] errichtet. Er muß auch den Lama befriedigen (dessen Unterweisung er erbittet).
Der Glaube des Schülers muß unerschütterlich sein. Er muß Mühen auf sich nehmen und Ausdauer haben.
Wenn du diese Bedingungen erfüllst, werde ich dir die Lehre vermitteln. Sie dir ohne Erfüllung dieser Bedingungen geben, sie

allen mitteilen, wäre Vergeudung. Das Leben der Kahdomas selbst (ihre eigene Wesenheit, ihr Lebensprinzip) wohnt in dieser Lehre. Wenn man sie zum Gegenstand eitler Worte macht, würde man Strafe anziehen.
Für dich, Sohn einer edlen Familie, wäre es besser, du würdest nicht noch mehr hierauf bestehen.«
Nach diesen Worten verschwand der Lama plötzlich wie ein Nebel. In diesem Augenblick brach der Tag an.
Ralopa dachte bei sich: Er allein besitzt eine solche Lehre. Ich muß um jeden Preis erreichen, daß er sie mir mitteilt. Ohne Geld aber werde ich es nicht vermögen. So muß ich nach Tibet zurückgehen, um es mir zu verschaffen.
Mit diesen Gedanken verließ Ralopa die Höhle.

Weiter erzählt unser Text, wie Ralopa sich auf den Weg nach Tibet machte. Dies sind zusammengefaßt die Ereignisse zu Beginn seiner Reise.

Er traf einen Lotsawa (einen Gelehrten, der Sanskrit-Bücher ins Tibetische übersetzt). Dieser fragte Ralopa, wohin er ginge. Ralopa sagte, daß er nach Tibet zurückkehre und erzählte ihm die Ereignisse, die ihn hierzu zwangen.
»Nimm dir nicht die Mühe, nach Tibet zu gehen«, sagte der Übersetzer. »Ich kenne ein Mittel, um dir das verlangte Geld zu verschaffen.«
Dieser Lotsawa stand in freundschaftlicher Beziehung zu einem sehr reichen Kaufmann, den eine schwere Krankheit aufs Totenlager geworfen hatte. Diesem empfahl er Ralopa als einen Nagspa, der ihn zu heilen vermöge. Der Kaufmann rief Ralopa zu sich und bat ihn um Heilung. Ralopa gab dem Kranken die Seg-

nung der Göttin Dordji Phagmo, und in drei Tagen war dieser wieder ganz gesund.
Voller Vertrauen und Dankbarkeit warf sich der Kaufmann Ralopa zu Füßen und fragte ihn nach dem Grund, der ihn nach Nepal führte.
»Der Gedanke an den Tod«, antwortete Ralopa, »erschreckte mich sehr. Ich bin nach Nepal gekommen, um den Meister Baro zu bitten, mich in die tiefe Lehre einzuführen.«[61)]
»Der Meister Baro ist der weiseste unter allen Weisen«, erklärte der Kaufmann. Aber er vermittelt keinem seine Lehre. Auch dir wird er sie nicht mitteilen. Darum ist es besser für dich, bei mir zu bleiben. Ich bin reich und habe eine hübsche Tochter. Ich gebe sie dir zur Frau, und du lebst hier als mein Amtcheu.«[62)]
Ralopa lehnte dieses Anerbieten ab. Da gab ihm der Kaufmann fünfhundert Unzen Gold und bat ihn, später wieder zu ihm zu kommen.
Mit diesem Gold kehrte Ralopa in das Kloster von Nyima Teng zurück in der Hoffnung, den Meister Baro zu finden. Aber er wurde enttäuscht, da sich dieser dort nicht mehr aufhielt. Als er die Vertrauten des Lamas fragte, gaben sie zur Antwort, daß sie nicht wüßten, wo ihr Meister sei und ihn selbst überall vergebens gesucht hätten.
Ralopa war bestürzt. Sicher ist die Zeit mir noch nicht günstig, dachte er bei sich. Ich werde die Lehre nicht empfangen.
So nahm er sich vor, das empfangene Gold verschiedenen Klöstern zum Geschenk zu machen und nach Tibet zurückzukehren.

Hier nehmen wir wieder den Text auf.

In dieser Nacht hatte er einen Traum.
Er träumte: Die Hälfte des Himmels umkleidete ihn; er saß auf der halben Erde, die unter ihm wie ein Teppich ausgebreitet lag.
Er träumte: Wolken umhüllten ihn wie einen Mantel; Sonne und Mond bildeten einen Turban über seinem Haupt.
Er träumte: Er durchquerte einen breiten Fluß.
Er träumte: In seinem Herzen brannte eine feurige Glut und von diesem Feuer wurde die ganze Welt[63] verzehrt.
Er träumte: Lichtstrahlen gingen aus seinem Mund aus; sie erleuchteten das Weltall, und das dichte Dunkel, das es bedeckte, löste sich auf.
Er träumte: Er trank fünf Gifte,[64] und sein Körper wurde zu den fünf Farben des Regenbogens.
Er träumte: Er versank in die tiefsten Tiefen des tiefen Meeres und fand dort unter einer Menge verschiedenster kostbarer lichtstrahlender Steine das Juwel, das alles herbeibringt, was man sich wünscht.[65]
Er träumte: In den zehn Richtungen[66] breitete sich der Lärm der verschiedenartigsten Wesen aus, die nach Vereinigung drängten. Aus seinem Herzen strahlten Lichtstrahlen, die diese Wesen trafen, und sie lösten sich in den Strahlen auf.
Bei Morgengrauen wachte er auf, von großer Freude erfüllt und bat den Lotsawa um Erklärung der wunderbaren Dinge, die ihm im Traum erschienen waren.
Der Lotsawa gestand, daß er den Sinn dieses Traumes nicht verstehe, aber er sagte zu ihm:
»Im Palast des Königs Hasti, nahe der Pforte des Nordens, lebt ein hellsichtiger Brahmane. Die Farbe seines Leibes ist von mattem Grün.[67] Seine weißen Haare sind am Scheitel des Kopfes zusammengebunden, Augenbrauen und Wimpern sind sehr

lang, und sein Bart reicht bis zum Gürtel. Als Kleid trägt er ein schwarzes Leinentuch um seinen Leib, das bis zu den Füßen herabreicht. Gehe ihn fragen.«

Als er zum Palast in die Nähe der Pforte des Nordens kam, gewahrte ihn der Seher und ging ihm sieben Schritt entgegen, um ihn willkommen zu heißen.
»O Sohn der Jinas (der Eroberer: der Buddhas)«, sprach er, »warum kommst du zu mir? Deine Handlungen haben immer einen Sinn. Wie ist dein Name? Du trägst auf deinem Körper bemerkenswerte Zeichen. Wer dein Freund wird, empfängt geistige Erleuchtung. Du selbst aber wirf alle Zweifel fort. Du wirst mit Gewißheit ein vollkommener Buddha. Das ist meine Vorhersage.«
Darauf lud der Brahmane Ralopa ein, in sein Haus zu treten und erwies ihm viel Höflichkeit.
Ralopa bot ihm eine Unze Gold an und sprach:
»O großer Rishi, kundig der Wissenschaften, ich möchte dich etwas fragen, was für dich sehr einfach sein wird.
»Ich hatte einen sonderbaren Traum. Erkläre mir den Sinn und verheimliche mir nichts, damit ich Klarheit gewinne.«
Und Ralopa erzählte dem Seher die Episoden seines Traumes. Dieser dachte einige Augenblicke nach. Dann sagte er:
»Die meisten Träume sind nur eitle und trügerische Täuschung. Dieser aber bedeutet eine wirkliche Vorhersage deiner Zukunft. Ich will ihn dir erklären.
Mit der Hälfte des Himmels bekleidet sein, bedeutet, daß die wissenden Dubthobs, deren Weisheit der Weite des Himmels gleicht, dein Gefolge bilden werden (hkhor).
Die Hälfte der Erde, die dir als Teppich dient, bedeutet, daß die Güter der Erde dir mühelos zukommen werden, gleich dem Re-

gen, der auf dich fällt. Mit ihrer Hilfe, die Grundlage tugendhafter Handlungen[68] sind, wirst du eine große Menge von Verdiensten sammeln.«

»Der Mantel aus Wolken, der dich umhüllt, bedeutet, daß die Bewegung deiner sich widersprechenden Gedanken sich in einen strahlenden Schmuck verwandeln wird.
Einen breiten Fluß durchqueren, bedeutet, daß deine religiöse Nachkommenschaft länger bestehen wird als das Wasser.
Sonne und Mond, die deinen Kopf wie einen Turban umgeben, bedeuten, daß du zwei Freunden der Tugend begegnen wirst, die Sonne und Mond gleichen und daß du die tiefe Lehre empfangen wirst.
Die brennende Glut in deiner Brust, die das Weltall in Brand setzt, bedeutet, daß niemand dir Böses zufügen wird und du jedes besiegst.
Die Lichtstrahlen, die aus deinem Mund ausgehen und die Welt erleuchten, bedeuten, daß Unzählige deinen Reden zuhören werden.
Daß du die Gifte als Nahrung nahmst, bedeutet, daß sich das Licht deiner Weisheit weithin verbreiten wird, weil du die Gifte nicht verweigert hast, sondern sie mitträgst auf dem Weg.
Daß du das Juwel in den Tiefen des Meeres gefunden hast, das alle Wünsche erfüllt, bedeutet, daß du die tiefe Weisheit finden wirst, die viel edler ist als alles andere.
Alle meine Vorhersagen werden dir nacheinander im Laufe eines Jahres klar.«
Ralopa war äußerst glücklich über diese Worte und dachte bei sich: Nun muß ich auf alle Fälle meinen Guru (Meister) wiederfinden.

Man erinnere sich daran, daß Lama Baro, den Ralopa für seinen geistigen Führer hielt (seinen Guru), auf wunderbare Weise aus der Höhle verschwunden war, in der ihn Ralopa getroffen hatte, und daß dieser ihn nicht im Kloster wiedergefunden hatte, in dem er gewöhnlich lebte. Niemand in seiner Umgebung wußte seinen Aufenthalt, trotzdem man ihn überall suchte.
Unser Text fährt fort, verschiedene Pilgerfahrten des Helden zu berichten.

Ralopa machte sich auf den Weg. Er hielt weder am Tag noch in der Nacht an, durchquerte Friedhöfe[69], Dörfer, Städte, bewohnte Ortschaften und verlassene Einöden, Tempel,[70] dichte Akazienwälder und Reisfelder.
Sechs Monate waren vergangen, während denen er das Land durchwanderte. Die Lebensmittel, die er mitgenommen hatte, waren aufgezehrt. Seine Schuhe waren abgenutzt, die Haut seiner Glieder war aufgerissen und mit Wunden bedeckt. Krank und leidend am ganzen Körper zwang er sich doch weiterzuwandern.
So gelangte er an die Grenze zwischen Indien und Nepal, in eine Gegend, die Nam thang khyung tan[71] genannt wird.
Es war eine riesige Sandwüste. Kein Berg war zu sehen, ein furchtbarer Wind fegte über den Boden und stieß ein Geheul aus von hour, hour und gyour, gyour.[72]
Am äußersten Ende dieser Ebene lag ein dichter Wald von Sandelholzbäumen, in dem eine große Anzahl von Tigern, Leoparden und Bären herumirrten, deren Schreie ein großes Gebrüll hervorriefen.
Traurig, erschreckt und geschwächt, da er nur mehr grüne Blätter gegessen hatte, verlor Ralopa, der nichts mehr erkennen

konnte, seinen Weg. Der Schmerz übermannte ihn, und da seine Kräfte erschöpft waren, fiel er ohnmächtig auf die Erde. So blieb er bis zum Sonnenuntergang.

Da kehrte ein Funke Vertrauen zurück. »A tsa ma!«, rief er aus. »Ich werde sterben, ohne meinen Lama gefunden zu haben. Könnte ich doch wenigstens in meinem künftigen Leben mit ihm verbunden sein.«

Nach diesen Worten fühlte er plötzlich seine Kräfte wiederkehren und kein Riß, keine Wunde bedeckte mehr seinen Körper. Eine schwarze Frau, mit Menschenknochen geschmückt, stand vor ihm. »Sohn«, sprach sie, »bleibe nicht hier. Folge mir. Im Osten dieser Gegend lebt ein Meister des tiefen Weges, der durch Zeichen lehrt.[73)] Wenn du wirklich aus Herzens Grund nach der Lehre verlangst, komm mit mir!«

Sie machte sich auf den Weg und durcheilte schnellen Schrittes den Sandelholzwald. Ralopa folgte ihr im Abstand und verlor sie bald aus den Augen.

In diesem Wald sah er eine Gruppe von Papageien, die Körner sammelten. Ein Falke ergriff einen nach dem anderen, aber sie beachteten es nicht.

Als Ralopa sie sah, verstand er, daß ebenso wie der Falke die Papageien fortträgt, Shindje (der Gott des Todes) die Wesen eins nach dem anderen mitnimmt, ohne daß diese, verblendet von den Begierden nach den Gütern der Welt, dieses bemerken.

Ralopa setzte seinen Weg fort und sah einen breiten Fluß, dessen Wasser von starken Wellen bewegt wurde, die heftig gegeneinander schlugen. Eine große Menge Menschen, die am Ufer versammelt war, konnte ihn nicht überqueren. Ein Schiffer kam, und viele baten ihn um Hilfe. Er holte einige in sein kleines Boot aus Büffelhaut[74)] und überquerte den reißenden Fluß. Andere, die ihn nicht um Hilfe gebeten hatten, suchten den Fluß allein zu durchqueren und ertranken. Ralopa verstand aus dem Gesehenen, daß ein Wesen, das befreit ist von dem aufwühlenden Lauf des Lebens, der, einem bewegten Fluß gleich, aus Geburt, Alter, Krankheit und Tod besteht, der Hilfe eines Meisters bedarf. Dem Fährmann vergleichbar ist dieser notwendig, um von dem Kreislauf der Wanderung zu befreien.

Er ging weiter auf seinem Weg.

Am Morgen sah er einen Jäger, der einen Damhirsch tötete. Als der Abend kam, tauchten Wegelagerer auf und töteten den Jäger. Da verstand Ralopa, daß ohne Möglichkeit eines Betruges sich das Ergebnis der weißen (tugendhaften) und der schwarzen (bösen) Taten auswirkt.

Nun erschien von neuem die Frau und sprach zu Ralopa:

»Gehe jetzt in den Wald des Südens.«

Und er ging hin.

Er sah einen Brahmanen, der Eisen in Gold verwandelte. Er verstand dies als Zeichen, daß der Geist des Bodhi[75)] alles in Weisheit verwandelt, ebenso wie Eisen in Gold verwandelt wird.

Weiter verfolgte er seinen Weg.

Da sah er einen jungen Mann im Schlaf. Fünf Schlangen verzehrten ihn, ohne daß er es bemerkte.

Ralopa verstand, daß Unruhe, geistige Schwäche und andere Übel, die aus der Bindung an die Welt und die persönliche Daseinsform entstehen, wie Schlangen den Menschen aufzehren, der im Schlaf der Unwissenheit verharrt.

Weiter ging er seinen Weg.

Er sah ein schönes Pferd, gefesselt mit goldenen Fesseln, das sich vergeblich zu bewegen suchte. Und er verstand, daß die dem Geist innewohnende Weisheit sich solange nicht offenbaren kann, wie der Geist (die Erkenntnis) von Begierden oder Neigungen gefesselt wird.

Wieder zeigte sich die Frau und sprach zu ihm:

»Gehe nun in den Wald des Westens.«

Und er ging dorthin.

Er sah einen Mann, der ganz versunken war in tiefste Betrachtung eines Spiegels, in dem er sich widergespiegelt sah. Er verstand, daß dies ein Symbol war, daß man ohne Zerstreuung durch sich selbst zur Erkenntnis der eigenen Natur kommen und sich von ihr leiten lassen muß.

Weiter ging er.

Da sah er einen Berg, mit Schnee bedeckt, beschienen von strahlender Sonne. Unter seinen wärmenden Strahlen schmolz der Schnee und verwandelte sich in Wasser. Er erkannte dies als ein Bild, daß durch allmähliche Entwicklung der Meditationskraft der aus groben Elementen bestehende Körper sich auflöst, sich in feinstoffliche Elemente verwandelt und zum Körper der Gottheit wird.

Weiter ging er.

Er kam zu einer Höhle und schlief dort ein.

Wieder erschien die Frau und gab ihm zu essen: »Morgen wirst du in den Wald des Nordens gehen. Dort wird dein Lama unter einer Gruppe wilder männlicher Gänse sitzen. Zögere nicht und täusche dich nicht. Ergreife ihn!«

Am nächsten Tag ging Ralopa in den Wald und wartete.

Die Gänse kamen angeflogen und ließen sich auf der Erde nieder.

Ralopa fragte sich: »Welches ist mein verkleideter Lama, welche Gans soll ich fassen?« Während er zögerte, flogen die Gänse wieder fort.

Die Frau erschien von neuem: »Törichter!« sagte sie zu Ralopa. »Du hast deinen Meister nicht erkannt! Jetzt wird eine Gruppe junger Mädchen erscheinen, unter denen dein Meister ist. Diesmal laß ihn nicht wieder entfliehen, ergreife ihn!«

Die jungen Mädchen tauchten auf. Sogleich ergriff Ralopa eine von ihnen. Sie verwandelte sich in Feuer, Ralopa ergriff die Flamme, sie verwandelte sich in Wasser. Er ergriff das Wasser, und plötzlich stand der Lama vor ihm.

In unermeßlicher Freude warf Ralopa sich zahllose Male vor seinem Meister nieder, umschritt ihn und bot ihm alles Gold, das er hatte, ohne etwas zurückzubehalten.

»Glücklicher Mensch, der ich bin«, sagte er. »Endlich habe ich den kostbaren Lama getroffen. Nun werde ich von ihm die Mitteilung der tiefen Lehre erbitten.«

Auf diese Bitte antwortete der Lama:

»Du Unerschrockener voller Glauben, Ausdauer und Klugheit,
Du schonst nicht deine Kräfte und dein Leben auf der Suche nach der Lehre:
O Wunder!
Du sorgst dich nicht um dein Vaterland noch um deine Eltern,
Du suchst nur den Lama:
O Wunder!
Ohne Vorbehalt verschenkst du dein Gold, ohne zu erlahmen
Beharrst du in deinem Suchen:
O Wunder!
Ohne dich eitlen Reden selbstgenügsam hinzugeben,
Bewahrst du den Glauben im Herzen:
O Wunder!
Wunderbarer Mensch, du bist würdig zu empfangen;
Ich werde dir meine tiefe Lehre geben.

Seit langem habe ich deine Verdienste erkannt,
Aber die Zeit des Lehrens war noch nicht gekommen.
Um der Herrlichkeit dieser Lehre willen
Gab ich sie dir nicht.
Nun ist der Augenblick da, du wirst sie empfangen.
Bereite ein Tsogs kor.«[76)]
Ralopa fragte:
»Ich habe hier nicht die für den Tsogs kor notwendigen Dinge.
Darf ich sie in Yerang holen?«
»Es ist nicht nötig«, antwortete der Lama. »Da der Ritus sehr geheim ausgeführt werden muß, werden wir hier alles Notwendige finden; die Dinge, die wir brauchen, werden in Mengen kommen.«
Mit geradem starren Körper und fest gerichtetem Blick blieb der Lama unbeweglich in der Haltung des Ta tang.[77)]
Fast im gleichen Augenblick erschienen unzählige Pawos und Khadomas und begannen ihre Arbeit. Die einen bereiteten Sitze, die anderen bauten ein Kyilhor;[78)] einige unter ihnen stellten Nahrungsmittel als Opfergaben auf, während noch andere die Tormas brachten, die hier mitwirken sollten. Alles war in größter Menge vorhanden. Diese Vorbereitungen wurden in einem Augenblick beendet.

Am achten Tag des Monats, um die Mittagszeit erschien Jampal Shindje auf dem Thron des Kyilkhor, und der Lama übertrug Ralopa den Angkour des Schwarzen Herrn des Todes (Jampal Shindje).[79)]
Am Abend übertrug er Ralopa, der im Kyilkhor des Jampal mit den sechs Köpfen saß (eine andere Form der gleichen Gottheit) den Angkour dieses Gottes.

Um Mitternacht übertrug er ihm im Kyilkhor des Jigsdje und der dreiunddreißig Götter vier Angkours und teilte ihm eine Anzahl tiefer Lehren über die Tantras und Sadhanas mit.[80)]

Die Gäste der außermenschlichen Welten kamen weiter in großen Mengen. Man hörte melodische Klänge, ein strahlendes Licht erhellte den Wald. Die Erde zitterte, Blumen fielen vom Himmel. Wunder aller Art folgten aufeinander während der ganzen Nacht.

Beim Morgengrauen entschwand der ganze Zauber. Nur der Lama saß unter den Bäumen.

Er wandte sich an Ralopa.

»Ich habe dir den innersten Gehalt des Tripitaka[81)] gegeben. Ich offenbarte dir das Tiefste der geheimen Lehre. Durch sie kann der größte Sünder zum Buddha werden.

Ein Mann, der begabt ist mit den höheren Fähigkeiten des Intellekts und sie hören wird, ist im gegenwärtigen Leben ein Erleuchteter (Befreiter).

Ein Mensch mit weniger großen Fähigkeiten wird es im Augenblick des Todes sein.

Der geistig Stumpfe wird die Erleuchtung nach dem Tod im Bardo[82)] erhalten.

Ich habe dir in der letzten Nacht alles übermittelt. Gib diese Lehren nicht einer großen Zahl von Menschen weiter. Übe sie selbst dein Leben lang.

Ich verlange nicht nach Gold. Ich habe es gefordert, damit du Verdienste sammelst und Größe und Wert der Lehre hoch genug schätzt. Jetzt nimm das Gold wieder und verteile es als Almosen.«

Nach diesen Worten erhob sich der Lama in den Himmel und kehrte durch die Luft in sein Kloster zurück.

Die Biographie von Ralopa fährt fort, ausführlich die Pilgerfahrten ihres Helden zu berichten. Ralopa wechselt häufig die Orte. Überall vollführt er einzigartige Wunder. Er zieht eine große Zahl von Schülern an und empfängt beachtliche Geschenke. Der Text ist sehr lang. Wir gehen unmittelbar zu den Episoden über, die – nach der Biographie – das Lebensende Ralopas einleiten.

Eines Tages sprach Ralopa zu seinen Schülern: »Wir wollen zusammen einen Tsogs khor[83)] auf den Gipfel des Berges tragen. Gäste hoher Auszeichnung werden kommen.«

Guru und Schüler trugen das für den Tsogs khor Notwendige auf den Berg. Als sie den Gipfel erreichten, erschienen im gleichen Augenblick fünf Tchag gya mas.[84)]

Der Tsogs khor wurde errichtet und man unterhielt sich eine lange Zeit miteinander. Endlich erhoben sich die Tchag gya mas, warfen sich vor Ralopa nieder und sprachen:

»Zwei unter uns werden dir je einen Knaben, die anderen dir je ein Mädchen darbringen. Diese Kinder werden später die Lehre verstehen. Behalte sie im Hinblick auf ihre späteren Vorzüge. Da wir vollendet haben, was uns aufgetragen wurde, wird sich nun unser magischer Körper auflösen.«

Nach diesen Worten löste sich ihre Gestalt im Licht auf und sie entschwanden.

Alle Schüler, die edlen wie die geringeren, faßten großes Vertrauen zu dem Lama (Ralopa), und er wurde sehr berühmt.

Auch die Schutzgottheiten verkündeten das Wunder. Alle, die zuvor irrtümlicherweise die Frauen, die den Lama umgaben, für menschliche Wesen gehalten hatten, bedauerten ihren Irrtum, und ein großes Vertrauen (zu Ralopa) erfaßte sie.

Ralopa erzog die Kinder voller Sorgfalt. Sie wuchsen auf, und als sie älter wurden, übertrug er ihnen die Einweihung des Dordji Jigsdje[85)] und gab ihnen die mit dieser Einweihung verbundenen Vorschriften mit dem Befehl, über sie zu meditieren.
Alle erlangten magische Kräfte. Der Sohn, Dordji Shinghi, vermochte die Geister der Verstorbenen auf ihrem Weg im Bardo[86)] zu sehen. Auf den Strahlen des Mondes begab er sich des Nachts zu geheimen Begegnungen nach Indien und war beim Morgengrauen wieder zurück in Tibet.
Die Tochter, Ramo Thubden, befreite hundert Menschen von den Banden der Wiedergeburt und hatte die Kraft, von Toten aufzuerwecken. Sie unterwarf eine Mutter Dakini, einen zurückgekehrten Geist[87)] und einen Schutzgott und machte sie zu ihren Dienern.
Die Tochter Lhai Metog konnte beliebig verschiedene Gestalten annehmen. Sie durchschritt unbehindert Flüsse und Felsen.
Die Tochter Heuzen Palma konnte mit einem Blick die vier Richtungen der Welt und den Ri Rab[88)] in ihrer Mitte umfassen. Sie kannte die Vergangenheit und konnte die Zukunft voraussagen.
Der Sohn Rachös drückte seinen Willen den Khadomas auf. Er hatte den Sinn des Daseins in sich selbst verstanden.
Zu dieser Zeit widmeten sich auch Ralo, seine eingeweihte Gattin und alle seine Schüler der Tätigkeit eines Dubtob.[89)] Der Ruf des Meisters Ralopa verbreitete sich weithin dank der Wunder, die er vollbrachte, und eine große Anzahl von Menschen suchte ihre Zuflucht bei ihm.
Darauf machte sich Ralopa auf nach Lhasa. Hier empfing er den Besuch eines weisen Arztes, der von ihm zwei Dinge erbat.

»Kostbarer Lama«, sprach er, »weiht mich ein in die tiefe (esoterische) Lehre und zeigt mir ein Wunder, das ihr bisher noch nie ausgeführt habt.«

Ohne Antwort richtete Ralopa sofort seinen Zeigefinger gegen die Sonne in drohender Haltung (digs dzub[90]) und die Sonne fiel auf die Ebene. Seither heißt diese Gegend »Ebene der Sonne«.[91]

Ralopa machte eine andere Bewegung, und die Sonne nahm ihren Platz wieder am Himmel ein. Sie war kalt geworden, während der Mond sich erwärmte.

Alle Anwesenden schrien laut bei diesem Wunder auf. Nun übermittelte Ralopa dem Arzt die Einweihung, die er erbeten hatte und dieser wurde zu einem Dubtob. Um Ralopa seine Dankbarkeit zu bezeugen, bot er ihm einen Band des Domang[92] dar, zahlreiche Yaks[93] und Geldbarren.

Zur gleichen Zeit lebten im Land des Phenpo in einem Hause, das dem eben verstorbenen Gnugrum[94] gehörte, seine Witwe und sein einziger Sohn. Beide waren allein in ihrer Wohnung. Diese Frau war eine Hexe und jede Nacht begab sie sich zur Versammlung der Hexen. Ihr Sohn sah, wie sie das Haus verließ, während er sich schlafend stellte.

Beunruhigt fragte er sich, wo sie denn hingehen möge.

An einem Abend kamen bei Einbruch der Nacht zwei große Frauen mit dunkelrotem Gesicht zur Witwe und luden sie ein, ihr zu folgen: »Würdet ihr mit uns kommen, Mutter?« fragten sie höflich. Da setzte sich die Mutter rittlings auf eine Kiste. Eine der Frauen hob die Kiste, die andere stieß sie an, und so kamen sie vorwärts, ohne daß die Kiste die Erde berührte.

Nach ihrem Fortgang schlief der Junge ein. Als er erwachte, war seine Mutter zurück.

In der folgenden Nacht versteckte sich der Junge in der Kiste. Wieder kamen die beiden Frauen und sprachen mit der Mutter wie am vorhergehenden Abend. Wieder setzte sich die Mutter rittlings auf die Kiste und die Frauen trugen sie fort. Da aber in dieser Nacht die Kiste schwerer geworden war (wegen des Knaben, der darin saß), krachte sie und hätte beinahe die Erde berührt. Die Frauen sagten zueinander: »Heute nacht geht unser Pferd schlecht.«

Sie kamen an einen Friedhof. Viele Frauen saßen in Reih und Glied. Die Mutter setzte sich in ihre Mitte auf die Kiste, die ihr als Thron diente.

Die Hexen zelebrierten eine Feier mit dem Leichnam eines jungen Mannes. »Gebt den Kopf mit dem Hirn unserer Königin«, sagten die Frauen und wiesen auf die Witwe.

»Wie soll ich das machen?« rief diese. »Ich habe meinen Löffel zu Hause gelassen.« (Sie brauchte ihn, um das weiche Hirn zu essen.)

»Mutter«, antworteten die Hexen, »es genügt, daß ihr euren Arm ausstreckt, um ihn zu holen.«

Da sah der Knabe, wie sich der Arm seiner Mutter ins Unermeßliche verlängerte, bis er das Haus erreichte und den Löffel holte.

Bei Morgengrauen verstreuten sich die Hexen, und die Mutter kehrte in der Kiste nach Haus.

Sobald er konnte, stieg der Junge aus der Kiste heraus und ohne daß ihn die Mutter sah, legte er sich wieder ins Bett.

Viel Zeit verrann. Da fiel eines Tages, als seine Mutter auf dem Balkon des Hauses spann, das Garnknäuel in den Hof herunter.[95] Sie rief den Sohn und befahl ihm, das Knäuel zu holen.

»Ihr braucht nur euren Arm auszustrecken, Mutter, um es selbst zu holen«, antwortete er.

Die Mutter erschrak. Er hat herausgefunden, daß ich eine Hexe bin, dachte sie bei sich. Vielleicht wird er es anderen erzählen. Heftig riß sie den Sohn an den Haaren, schlug ihn auf den Boden und plötzlich fühlte er sich in einen Hund verwandelt.

Der Unglückliche, der seine menschliche Gestalt verloren hatte, während er seinen Geist und die Kraft des Denkens behielt, versank in tiefsten Schmerz, als er verstand, was ihm widerfahren war. »Lieber sterben als dies erdulden«, dachte er, und er stürzte zum Fluß, um sich zu ertränken.

Während er die Straße entlang lief, traf er auf eine Gruppe von Menschen. Er folgte ihnen und hörte, wie sie von einem Lama aus dem Land Langthang sprachen und seine große Weisheit rühmten. Da kam ihm der Gedanke, zu diesem großen Mann zu gehen. Vielleicht würde er ihn von diesem Hundekörper befreien.

Als er an die Wohnung des Lamas kam, wandelte dieser voller Andacht um einen Chörten.[96)]

Wenn auch der Junge in seiner derzeitigen Gestalt nicht sprechen konnte, so erkannte doch der Lama, sobald er ihn sah, was geschehen war und rief: »Wahrhaft bemitleidenswert, in einem Hundekörper zu leben, nachdem man einen menschlichen Körper besessen hatte!«

Als er dies hörte, faßte der Knabe großes Vertrauen zum Lama und bat ihn in Gedanken, er möge ihm seine menschliche Gestalt wiedergeben.

Der Langthang pa verstand ihn und sprach:

»Ich habe nicht die Kraft, diese Verwandlung auszuführen. Aber es gibt in Lhasa einen Lama, Ralopa genannt, der selbst die Fähigkeit besitzt, Tote zu erwecken. Geh zu ihm, er wird dich befreien.

Wenn du bei ihm bist, biete ihm das Gold an, das ich dir geben werde.«

Der Langthang pa verteilte eine Unze zerstampften Goldes in mehrere Pakete, die er unter dem langen Fell des Hundes befestigte. Dann gab er ihm ein gutes Essen und schickte ihn fort.

Als der Hund-Knabe aus der Wohnung des Lamas trat, begegnete er einer Gruppe von Menschen, die zusammen reisten. Er folgte ihnen, die in anregender Unterhaltung weitergingen und kam mit ihnen nach Lhasa.

Ralopa wußte, daß er kommen würde und sprach zu seinen Schülern: »Es wird jemand zu mir kommen. Haltet ihn nicht auf. Laßt ihn zu mir.«

Gegen Abend sprach er weiter:

»Seht hin, wer die Straße entlang kommt.«

Die Schüler antworteten:

»Wir sehen nur einen Hund in einer vom Wind aufgewirbelten Staubwolke herlaufen.«

»Haltet den Hund!«

Dann setzte er seinen rituellen Hut auf und nahm in die Hand einen Torma,[97)] der auf dem Altar zubereitet war.

In diesem Augenblick kam der Hund an der Tür an.

Der Lama warf mit aller Kraft den Torma auf den Rücken des Tieres, auf dem er zerbrach, und sogleich nahm der Knabe wieder seine menschliche Gestalt an. Voller Vertrauen bot der Sohn der Hexe Ralopa das Gold an, das er mitgebracht hatte, und von diesem Tage an gab er sich ganz in seinen Dienst.

Ralopa weihte ihn später zum Gelong[98)] und ließ ihn verschiedene Sadhanas[99)] üben. Dennoch blieben gewisse unerfreuliche Neigungen in ihm lebendig, und so befahl ihm der Meister ausdrücklich, nichts, was immer es auch sei, ohne seine Erlaubnis zu unternehmen.

Zu dieser Zeit hörte die Hexenmutter durch Geschwätz, daß ihr Sohn seine menschliche Gestalt zurückerlangt habe und wollte ihm Hindernisse in den Weg legen.

Sie sprach verzauberte Mantrams über einer Kiste.

Da viele Bewohner ihres Landes zu Ralopa gingen, sprach sie zu ihnen: »Mein Sohn ist bei dem Lama, um in die Lehre eingeführt zu werden. Diese Kiste enthält Vorräte, die ich ihm geben will. Ich bitte euch, sie mitzunehmen.«

Die Reisenden nahmen die Kiste mit sich und gaben sie dem Knaben mit der Botschaft der Mutter.

Dieser wollte schon die Kiste öffnen, als er sich an das Verbot erinnerte. So unterrichtete er den Lama.

Ralopa hüllte ihn in seine Mönchstoga ein und befahl ihm: »Nun öffne die Kiste!«

Der Knabe gehorchte. Neun Blitze und Donner entwichen aus ihr und zerstörten das Haus mit seinem gesamten Inhalt.

Dem jungen Diener Ralopas war kein Leid geschehen, aber über seine Toga, in die er gehüllt war, lief ein brauner Saft, geschmolzener Butter gleich.

Nun sprach Ralopa:

»Jetzt bist du von allen Hindernissen[100)] befreit.«

Er gab ihm einen neuen Angkour, der ihn zum Dubtob machte.

Später unterwarf und beherrschte er alle Hexen, die zu der Versammlung gehörten, bei der er zugegen war und noch hundert mehr. Er befreite auch zahllose Wesen und verschwand zuletzt auf wunderbare Weise, indem er in einen Ort himmlischer Freuden[101)] einging.

Viele Jahre vergingen. Ralopa erreichte sein hundertachtzigstes

Jahr. Da empfand er den Wunsch, in eine andere Welt einzugehen.[102)]

Im Frühling, als die Bäume blühten, rief er seine Schüler zusammen, die in verschiedensten Gegenden Tibets wohnten. Sie kamen aus dem Land von Khams, Tsang, aus dem fernen Ngari und aus den Umgebungen von dem Blauen Teich (Tso Nyönpo). Als sie versammelt waren, feierten sie ein großes rituelles Fest (Tsog khor)[103)], an dessen Ausgang Ralopa zu ihnen sprach:

»Viermal war ich in Indien und Nepal, um die kostbare Lehre zu empfangen, die das ›Blut des Herzens‹ selbst der Khadomas ist. Ich habe sie von weisen Adepten[104)] erhalten, die sie in ununterbrochener Reihe mündlich überliefert bekamen.

Der größte Sünder, der die Unterweisungen dieser Lehre befolgt, kann zum Buddha werden.

Die Brücke, die von den Dubtobs geschlagen wurde, ist nicht unterbrochen. Die Segnungen sind nicht verloren. Sie strahlen auch heute noch.

Die Menschen von mittlerer Intelligenz können die geistige Erleuchtung im Augenblick ihres Todes erlangen, am Ende ihres jetzigen Lebens. Gewöhnliche Menschen können durch sie in den Bardo einziehen, ohne wiedergeboren zu werden.

Ich habe euch diese tiefe Lehre verkündet, ohne euch irgend etwas zu verbergen. Es liegt an euch, euren Geist ausschließlich auf diese zu richten und sie zum Gegenstand der Meditation zu machen.

Mein Meister befahl mir, sie nicht einer großen Menge zu vermitteln. ›Übe sie allein‹, sagte er zu mir, ›und du wirst in diesem Leben deinen Körper in einen ätherischen[105)] verwandeln.‹

Trotzdem habe ich gegen seinen Befehl gehandelt, da ich glaubte, vielen Menschen nützlich zu sein. Aus diesem Grund muß ich noch zweimal auf diese Erde zurückkehren.
Es gibt aber für mich nicht mehr Geburt, Tod oder Schmerz.
Nach dem Tod werde ich von Welt zu Welt gehen.
Wenn ich nicht sterbe, werde ich zum Wohl der Menschen wirken (um ihnen zu helfen).
Der Naldjorpa,[106)] der dem Himmel gleicht, hat Macht über Leben und Tod. Aber um einen Beweis unserer vergänglichen Natur zu geben, werde ich sterben.«
Die Wohltäter des Lamas warfen sich vor ihm nieder und fragten ihn:
»Lama, wohin geht Ihr? Und wenn ihr geht, wer wird unsere Zuflucht sein? Wer wird eure Lehre weiter verkünden?«
Ralopa antwortete:
»Ich gehe in Orte himmlischer Freuden ein. Nach zwei Geburten im Königreich, in dem die Lehre verkündet wird, werde ich als Buddha Outpala zum Wohl der Menschen wirken.
Ihr aber richtet eure Bitten an diesen Ort.
Diejenigen meiner Schüler, die Dubtobs sind, werden fortfahren, meine Lehre aufrechtzuerhalten. Unter ihnen ist Rachös Rabdes vor allem fähig, diese Lehre zu verstehen.
Jeder aber ist mein Schüler, der diese Lehre übt.«
Nach diesen Worten sang Ralopa:

»O ihr glücklichen Menschen alle zusammen, hört mich:
Dies sind meine letzten glücklichen Worte,
Bewahrt sie in eurem Geist.
In den bösen Zeiten der Entartung
Ist die tiefe Lehre selten;

Noch seltener ein ausgezeichneter Guru.[107)]
Seltener noch sind ehrfürchtige Schüler.
Wir aber sind vereint: die tiefe Lehre, ein kostbarer Lama
Und ehrfurchtsvolle Schüler –
Ein erstaunliches Wunder.
Viele Dubtobs werden aufstehen
Und die Lehre wird sich verbreiten,
Ohne allen Zweifel.
Wenn ihr, mit Hilfe der tiefen Lehre,
Die Hüter der Gebote, die Geister der Toten,
Und die Schutzherrn[108)] unterwerft,
Denen das Leben der Wesen in den drei Welten gehört,
Wird nichts zerstreut von der Kraft eures Geistes.
Bemüht ihr euch, euren Geist stark zu halten,
Auf einen einzigen Punkt gerichtet,
Werdet ihr unfehlbar Erkenntnis erlangen.
Dies ist es, was ich euch wünsche.

Niemand bisher hat Wunder gewirkt,
So herrliche, wie ich es getan.
Saht ihr jemals ein Gleiches?
Ist es nicht wunderbar?
Als ich nach Dordjiden[109)] ging,
Wollte der Gompo mit den vier Armen
Mich durch seine Wunder erschrecken.
Ich unterwarf ihn und legte meinen Fuß auf ihn.
Er wurde zu meinem Sklaven.
Ähnliche Zeichen der Macht
Wurden noch niemals gezeigt.

Pal Changchub Dordji hatte einen Phurba[110)] beseelt,
Um mir zu schaden.
Ich nahm die Gestalt des Shindje an
Und machte ihn zum Freund.
Ähnliche Zeichen der Macht
Wurden noch niemals gezeigt.

Soldaten des Niuggu wollten Unruhe stiften
Durch ihr schlechtes Betragen.
Ich klatschte laut in die Hände,
Da erhob sich sogleich ein schwarzer Wind,
Und die Truppen wurden vertrieben
Wie Wolken am Himmel.
Ähnliche Zeichen der Macht
Wurden noch niemals gezeigt.

Als ich die drei Statuen des Tempels des Sakya sah,
Erregte es Anstoß bei Laien und Mönchen.
Ich rief die Statuen und sie traten hervor.
Ähnliche Zeichen der Macht
Wurden noch niemals gezeigt.

Während ich einen Angkour dem Salor übertrug,
Erhob sich der Kyilkhor aus Farbenpulver gebildet
Und hing in der Luft.
Ähnliche Zeichen der Macht
Wurden noch niemals gezeigt.

Als ich im Lande Tchen begann,
Eine Opfergabe zu verbrennen,

Entsproß ein Lotus inmitten des Feuers.
Ähnliche Zeichen der Macht
Wurden noch niemals gezeigt.

Im Land Potoe
Trat ich in Wettstreit mit einem Zauberer des Bön,
Da zeigte ich das ganze Weltall
Im Inneren meines Leibes.
Ähnliche Zeichen der Macht
Wurden noch niemals gezeigt.

Im Land Gnang teud shab
Suchte der Planet Kyab djong tenta mich zu schrecken,
Mit einem magischen Blick ließ ich zur Erde ihn fallen.
Ähnliche Zeichen der Macht
Wurden noch niemals gezeigt.

Als im Land Thang phour ein Arzt, Kha ragpa genannt,
Vergiftetes Essen und Trinken mir reichte,
Blühte mein Antlitz noch strahlender auf;
Kein Übel geschah mir.
Ähnliche Zeichen der Macht
Wurden noch niemals gezeigt.

Als der Brahma von Tchag mich angreifen wollte,
Stieß ich Wind aus beiden Nasenlöchern
Und warf ihn jenseits des fernen Horizonts.
Ähnliche Zeichen der Macht
Wurden noch niemals gezeigt.

Als Lama Kurseng in einem Streit
Dem Umfang meines Wissens mißtraute,
Rief ich Blitze und Donner zu einem Gewitter auf,
Das sieben Tage lang währte.
Ähnliche Zeichen der Macht
Wurden noch niemals gezeigt.[111)]

Als ich nach Longnga ling ging, warf ich einen Phurba zur Erde;
Plötzlich entstanden zahlreiche Häuser
Mit allen Möbeln darin.
Ähnliche Zeichen der Macht
Wurden noch niemals gezeigt.

Als der Geshes Rog mir Verachtung zollte,
Konzentrierte ich meine Gedanken mit aller Kraft
Und verwandelte ihn in einen Esel.
Dann gab ich ihm wieder seine Menschengestalt.
Ähnliche Zeichen der Machtt
Wurden noch niemals gezeigt.

Als ich eine Rede im Lande Tagna hielt,
Legten sich große Berge zusammen (wie gefaltete Hände),
Als Zeugen ihrer Bewunderung.
Ein Regen fiel aus Türkis und Korallen.
Ähnliche Zeichen der Macht
Wurden noch niemals gezeigt.

Als ich im Laufe des Winters Tsetang die Weihen gab,
Wurde der Winter zum Sommer.
Alle Bewohner des Landes

Wurden mir Schüler.
Ähnliche Zeichen der Macht
Wurden noch niemals gezeigt.

Die alten Dubtobs von Indien und Tibet
Bewirkten niemals solch herrliche Wunder.
Seht zu, ob in Zukunft sich gleiche ereignen.
Nun aber ist Zeit, die Bittgesuche zu machen.«

Da kamen zahlreiche Gottheiten: Geister der Bergketten, der Wälder, der Felsen und andere eilten herbei. Sie kamen aus Tsang und Yarlung, aus Tchang, Holga, Khams. Alle Gottheiten der Welt kamen zusammen und baten Ralopa, auf dieser Erde zu bleiben.
Ralopa aber gab ihren Bitten nicht nach. Jedem von ihnen erteilte er einen besonderen Rat und Einweihungen. Dann ging er in sein Zimmer zurück.
»Mein Körper ist vollkommen rein«, sagte er zu seinen Vertrauten. »Es ist nicht nötig, daß ihr ihn wascht. Legt ihn in einen Chörten, den ihr inmitten der Ebene errichtet.
In Zukunft wird der Lauf des Kyitchu[112)] seine Richtung ändern, und der Fluß wird mehr als die Hälfte der Ebene fortschwemmen. Das Kloster, das sich darauf befindet, wird verlassen sein, und wilde Tiere werden diese Gegend beherrschen. Doch dank der Gegenwart des Chörten wird den Reisenden, die diese Gegend durchqueren, nichts Böses geschehen. Etwa fünf Generationen werden vergehen. Dann wird ein neues Kloster (Gompa) erbaut unterhalb von Lhasa. Dorthin wird mein Leichnam überführt. Um seinetwillen wird der Gompa zahlreiche Getreue anziehen und mächtig werden. In anderen

Bereichen Tibets aber wird mein Körper von keinerlei Nutzen sein.«

Am Abend feierten Ralopa und seine Schüler ein rituelles Fest (Trog khor). Dann unterwies der Lama sie inmitten der Nacht noch in mehreren Lehren, die er ihnen zuvor nicht gegeben hatte, und gab ihnen verschiedene Prophezeiungen.
Beim Sonnenaufgang am zehnten Tag des vierten Monats des Jahres des Pferdes ging Ralopa, nachdem er seinen Körper verkleinerte[113)], in die Behausung der Seligkeit ein.
Die Erde zitterte, Donner erscholl, ein Blumenregen von fünf verschiedenen Farben fiel herab. Die Blumen häuften sich in Kniehöhe. In den vier Ecken des Sterbezimmers erschienen Regenbogen. Dakinis, Paos und zahlreiche Gottheiten, geschmückt mit Schmuck von Menschenknochen, erschienen in der Luft und trugen unzählige Opfergaben. Alle sangen, tanzten und spielten auf verschiedenen Musikinstrumenten. Dieses wunderbare Schauspiel wurde von allen Anwesenden wahrgenommen.
Nun brachten der Lotsawa Rabtchenrab und die anderen Schüler Opfergaben dar und begannen eine Reihe von Riten, die einen Monat lang dauerten. Am zehnten Tag nach Beginn der Riten erschien Ralopa des Abends in Gestalt eines Pandit (Gelehrten). Alle Anwesenden sahen ihn und er sprach zu ihnen:
»Da ich die höchste Weisheit besitze, habe ich die Macht über Shindje (den König des Todes) erworben. Diejenigen, die zu meiner Begegnung gekommen sind, werden in die reine und allesumfassende Welt der Hellsichtigkeit eingehen.«
Nach diesen Worten bewegte er seinen Mönchsmantel, hob sich in die Luft und entschwebte.
Zwei Tage später erschien Ralopa des Abends. Er trug einen

schwarzen Hut, unter dem ein langer Haarwuchs hervorsah und war in ein Tanzgewand[114)] gekleidet.
Alle Anwesenden sahen ihn.
Er sprach: »Aus der Opfergrube[115)] der Erkenntnis ziehe ich, Ralo dordji, der die Macht besitzt, die Wesen aus der Täuschung hinaus, die durch Unwissenheit verursacht wird, und durch diesen selbstgeschaffenen Phurba lasse ich sie den Pfad des Wissens überschreiten.«
Als er diese Worte gesprochen hatte, hörte man Cymbelklänge, und Ralopa verschwand, nachdem er verschiedene Tänze getanzt hatte. Am Ende des Monats der ritualen Feste erschien Ralopa wieder am Abend. Er hatte die Gestalt des Dordji Djigsdjed angenommen und sprach: »Ich bin Dordji Djigsdjed. Niemand ist größer als ich. Nichts kann mich hindern, diejenigen zu führen, die mich darum bitten.«
Nach diesen Worten verschwand die Erscheinung in einem Regenbogen.
Nun hüllten die Schüler nach den Anweisungen, die ihnen Ralopa gegeben hatte, seinen Leichnam in einen seidenen Stoff und legten ihn in eine Kiste zugleich mit kostbaren Steinen. Dazu stellten sie diese Kiste in den Chörten, den sie inmitten der Ebene erbaut hatten.
Hierauf begannen sie die Weiheriten und brachten ihre Ehrerbietung durch Opfergaben dar.
Ralopa zeigte sich nun in der Gestalt des Heruka (d. h. nackt). Er trat aus der Ecke einer Wolke inmitten des blauen Himmels und tanzte auf dem Gipfel des Chörten.

»Hum! Hum! Hum!«
sang Ralopa, der im Tanzen die Mantrams aussprach.

»Aum! Aum! Aum!
Tam! Tam! Tam!
Hri! Hri! Hri!
Ha! Ha! Ha!
Im Schoß des Zorns,
Im Schoß der Erstarrung,
Im Schoß des Geizes,
Im Schoß des Neids,
Im Schoß leidenschaftlicher Begierde,
Brennt das reine Licht der Weisheit.[116)]
Die Weisheit, Spiegel der Wahrnehmungen und begangenen Taten,
Die unserem Blick das genaue Bild widerspiegelt,
Die ausgleichende Weisheit, die die Quelle und Einheit in den Tiefen aller Dinge wahrnimmt,
Die unterscheidende Weisheit, die in der tiefsten Einheit die Dinge nach ihrer besonderen Zusammenstellung und Eigenschaft unterscheidet und einreiht,
Die Weisheit, die sich auf die Werke bezieht und den Erfolg der Wirklichkeit sichert,
Die allumfassende Weisheit; die die gesamte Sphäre der Erscheinungen durchdringt, ihre wirkliche Natur entdeckt und somit den Trug einer dauernden Existenz der Wesenheit von Formen und Persönlichkeit vertreibt.«
»Alle diese Dinge bestehen in mir«, sprach Ralopa noch.
»Wenn ihr mich um sie bittet, werdet ihr glücklich sein, was immer ihr auch tun mögt.«
Dann rief er mit lauter Stimme:
»Ruhm dir, Vajra Guru Heruka!«
Und er löste sich im Himmel auf wie ein Regenbogen.

Hierauf verstreuten sich die Schüler Ralopas und gingen in ihr Land zurück. Hier verbreiteten sie die Lehren, in denen Ralopa sie unterwiesen hatte und belehrten ihrerseits wieder eine große Anzahl Schüler.

Erzählung aus dem Lotushain

Die Erzählung aus dem Lotushain ist ein Gedicht mit religiöser Tendenz wie die Mehrzahl der tibetischen Werke. Es gibt mehrere Fassungen, die aber in Wirklichkeit keinen bemerkenswerten Unterschied in der Reihenfolge jener Ereignisse aufweisen, die der Autor beschreibt. Wer war dieser Autor? Wie dies häufig im Orient der Fall ist, haben wir hierüber keine wirklich glaubenswürdige Überlieferung. Es heißt sogar, diese Erzählung der Ereignisse, die sich im Lotushain abspielten, stamme von einem Gott. Tatsächlich führt uns die Geschichte in den Bereich der Mythologie, und ihre beiden Hauptthelden sind keine menschlichen Wesen, sondern zwei Bienen. Der Roman ist voller Wiederholungen. Wegen seiner Länge habe ich ihn nicht vollständig wiedergegeben. Auch hätten die unaufhörlichen Wiederholungen der gleichen Gedanken den westlichen Leser ermüdet und sein Interesse an der Geschichte der beiden Bienen gemindert.

Möge der mächtige Manjuscri diese Arbeit beschützen![117)]

In frühen Zeiten gab es eine bezaubernde Gegend, geheiligt durch die Berührung der Füße des Yogi Padma Gyalpo.[118)] Die Göttin Dolma naldjorma lebte dort in ihrer eigentlichen Gestalt. Diese Gegend lag auf einem hohen Berg, dem Lotusberg. Auf diesem Berg gab es breite Alleen, die durch die Wälder führten. Eine Höhle lag dort aus Bergkristall von strahlender Schönheit, die dem Glanz des aufgehenden Mondes glich. Sie hieß die Weiße Lotushöhle.

Eines Tages ließ sich ein junger Brahmane, Padma Gyalpo (»Der Freude hat an den Lotusblumen«) in dieser Höhle nieder. Er kam aus der Einsiedelei im Wald der Blumen.

Dieser junge Eremit kannte alle Dinge, war überall gewesen, hatte alle Gegenden durchreist und war in Einklang mit allem. Er hatte die Gebote der königlichen Lebenshaltung gelernt, die da heißt »Fehlerloses Benehmen dem Lotus gleich«, und übte sie in der Kristallhöhle, in der er sich der Meditation hingab.

Nicht weit entfernt lag ein Garten voller Lotusblumen inmitten eines großen Baumwaldes. An ihn grenzte eine breite Lichtung, deren Boden, mit schimmerndem Rasen bedeckt, einem grünen Spiegel glich.

Unter diesen Lotusblumen gab es stolze, die an langen Stielen emporragten, aufblühende, die sich aus weit öffnenden Blättern entfalteten, reife Blüten voller Honig, junge, die sich kaum aus dem Wasser herauswagten, knospende Blüten, gefalteten Händen gleich, verwundete Blumen, denen Blütenblätter abgerissen waren, vertrocknete Blüten, alte mit abgestorbenen Blättern, lächelnde Lotusblumen, die stolz ihre Blätter öffneten, andere, die sich verbargen.

Unter all diesen Lotusblumen waren drei der Stolz des Gartens. Zwei von ihnen entfalteten sich in die Breite, während die dritte in hochmütigem Wuchs ihre vollendet schöne Blüte aufwärtsrichtete.

Noch niemals hatte sich eine Biene auf eine dieser Blüten gesetzt, um ihren Nektar zu kosten, wenn auch zahlreiche Bienenschwärme voller Entzücken durch den Lotushain hin und her flogen.

Unter den Bienen fiel ein Paar besonders auf. Das Männchen war sehr klein, von goldener Farbe. Es hieß Padma Dab-yang (»Blatt des großen Lotus«). Das Weibchen war von türkisfarbenem Blau und hieß Padma Ngag-nyen (»Schöne Lotus-Sprache«).
Die goldfarbige Biene, in voller Jugendblüte, war von hervorragender Intelligenz, großzügigem Herzen, friedlichem Gemüt und stets verliebt.
Die türkisfarbene Biene war ebenso großmütig und wohlwollend, sanft, fromm, einfach, wahrhaftig ohne Böswilligkeit, niemals neugierig oder eifersüchtig.
Die beiden Gatten liebten sich unsäglich und hörten nicht auf, sich Liebeserklärungen zu machen und zärtlich anzuschauen.
»O, meine Geliebte«, sagte eines Tages Padma Dab-yang zu seiner Frau. »Deine anbetungswürdige, so junge, anmutige Gestalt könnte den Neid der Göttinnen erregen. Welcher Künstler hätte solche bewunderungswürdigen Farben entwerfen können wie die deines zarten Körpers. Deine Schönheit ist ebenso wie die Freuden, die wir zusammen genießen, Ergebnis tugendhafter Taten, die wir in unseren früheren Leben vollbrachten. Dieser sanfte Blumenteppich, den niemand gewirkt hat, der Nektar, den diese Blüten uns darbieten und der hundertfach verschieden schmeckt, wie das wahrhafte Lebenselixir, alle diese Köstlichkeiten haben wir nicht durch Anstrengungen in diesem Leben erworben; sie sind Ergebnis der Verdienste, die wir in der Vergangenheit sammelten.
Wenn wir unser Denken auf die Heilige Lehre[119)] richten, können wir unser Dasein mit dem freien Leben der Menschen vergleichen. Diese zweibeinigen Wesen, begabt mit der Macht der Rede und allumfassender Erkenntnis, die sich dennoch bösen Handlungen ausliefern, erscheinen uns nicht beneidenswert.

O, meine bezaubernde Geliebte, ich bitte dich: höre auf mich. Dieser wunderbare Garten, diese herrlichen Blumen voll duftenden Nektars, diese zahllosen Bienenschwärme, die musizierend und singend herumfliegen, dieses ganze fröhliche Schauspiel wird nicht immer anhalten. Später werden unzählige Gefahren auftauchen und Zufälle, die unser Leben verändern, und die Boten des Todes werden sich uns immer mehr nahen.
Wollen wir unser Leben auf der Suche nach Freuden verbringen? Was uns heute erstrebenswert dünkt, ist in Wahrheit nicht wirklich. Immerfort arbeiten wir, um materielle Ziele zu erreichen. Opfern wir hierfür unser ganzes Leben, so kommen wir doch nicht an das Ende aller Bemühungen und Aufgaben, die das Durcheinander der Welt auferlegt. Und wenn sich unser Leben vollendet, welche Wohltat empfangen wir von unserem Wirken?
Welche Vorteile bietet ein Garten, auch wenn er noch so zauberhaft ist, wenn wir ihn einmal verlassen müssen?
Nimm meine Worte zu Herzen, mein geliebtes Weib. Denke darüber nach und laß uns unser Leben der Religion hingeben.
Was meinst du, meine Geliebte? Möchtest du dich nicht dem religiösen Leben widmen?«
Die türkisfarbene Biene hatte aufmerksam zugehört und antwortete:
»O, mein geliebter Mann, deine Worte sind vernünftig und weise. Du, Herr meines Herzens, deine Worte sind die Wahrheit selbst. Ich nehme deine wohlmeinenden Ratschläge auf wie den Nektar der Unsterblichkeit, der aus den göttlichen Bereichen herniederfließt: Das glückliche Leben, das wir selige Bienen in diesem blühenden Garten verbringen, ist das Ergebnis barmherziger Taten, die wir in früheren Leben begangen haben. Dieses

Glück aber wird nicht andauern. Der Kreislauf der Natur[120)] selbst wird seine Dauer verhindern. Unsere Schönheit, unser Reichtum sind nur trugvoll und vorübergehend. Unser Glück bringt uns keine vollkommene Befriedigung, und immer werden wir neue Freuden suchen.

Laß uns unser Herz panzern und uns stärken für die Mühen, die wir auf uns nehmen werden. Ich bleibe fest im Herzen bei diesem Entschluß. Ja, mein Heißgeliebter, wir wollen unser Leben der Übung der Lehre weihen.

Die Wohltaten, die man erweist, vergehen. Was man anhäuft, sammelt, gewinnt, kommt letztendlich anderen zugute.

Schüler und Anhänger, die wir mit Liebe um uns versammeln und mit Wohlwollen behandeln, werden uns aufgeben und Werkzeuge sein in den Händen unserer Feinde. Häuser, die wir bauen, um darin zu wohnen, werden zu Fallen, in denen der Tod uns überrascht. Felder, die wir bebauen, von denen wir Ernte erhoffen, werden zu Orten des Blutbades für Würmer und Insekten. Das ist die Kehrseite von allem, was gut und wünschenswert erscheint in der Welt.

Doch ehe wir einen endgültigen Entschluß fassen, wollen wir überlegen. In Eile unternommene Dinge werden nur selten Erfolg haben. Wenn wir unseren Entschluß tief in das Herz eingraben, wird unser Verstand um so mächtiger.«

Zu dieser Zeit lebte ein Dubtob,[121)] Tön kun droub pa genannt (»Der alle Dinge vollendet hat«) in dieser Gegend. Er war wohlwollend, sanft, friedfertig und sehr geneigt, allen zu helfen. Als er den Lotushain besuchte, wurde er Zeuge der Unterhaltung beider Bienen und trat zu ihnen.

Padma Dab-yang und Padma Ngag-nyen gingen auf ihn zu, warfen sich ihm zu Füßen und bezeugten ihm ihre Ehrfurcht.

»O, großer Weiser, würdet Ihr uns unterweisen in einer Lehre, die den Reden Buddhas gleicht? Ihr seid ein Licht Seiner Lehre, eine Verkörperung aller Seiner Lehrer. Laßt uns teilnehmen an Euren Erfahrungen und dem Wissen, das Ihr erworben habt. Zeigt uns den Pfad, den die Chang choub sems pas[122)] beschritten haben und habt die Gnade, uns als Eure Schüler anzunehmen.«
Als der Dubtob sie hörte, zeigte er eine ungeheure Freude. Er erhob seine Stimme und sprach also:
»Ehrerbietung dem Erhabensten unter den Menschen, dem Beschützer des Gottes der Götter, dem unvergleichlichen Retter und geistigen Führer aller Wesen. Ehrerbietung dem Höchsten der Sakyas.[123)] Mögen sich die Herzen der Bewohner der Sechs Bereiche Seiner Lehre zuwenden.
O, ihr glücklichen Bienen, die ihr zu mir gezogen wurdet dank der Kraft, die aus euren früheren Handlungen ausstrahlt. Wollt ihr ernsthaft nach der Lehre leben, so hört auf meine Worte. Sie sind das getreue Echo der Worte der Buddhas.[124)] Sie verkünden das Wesen der Wahrheit selbst.
Wehe! Die Wesen der Sechs Bereiche[125)] irren im Kreislauf der Welt seit aller Ewigkeit und sind dem Trug der Handlungen unterworfen.
Während unzähliger Jahre haben sie nicht die Lehre vernommen. Ebenso selten wie der Anblick eines Sternes am hellen Tag ist die Begegnung mit der Lehre der Buddhas.
Der Buddha des gegenwärtigen Zeitalters, der Sohn des Suddhodana, der der vierte der Weltbuddhas ist, hat in drei Abläufen das Rad des Gesetzes in Bewegung gesetzt.[126)] Die Periode der fünftausend Jahre, in der sein Einfluß sich auswirken kann, ist noch nicht abgelaufen. Es ist noch allen möglich, den Pfad der Weisheit zu beschreiten.«

»Wenn uns ein Meister der Lehre kundig erscheint und uns freundschaftlich aufnimmt, und wir nehmen diese Möglichkeit nicht an, werden wir vielleicht niemals wieder eine Geburt erleben, in der uns ein gleicher Vorteil geboten wird.

Wehe! Die im Trug verstrickten Wesen halten vorübergehende Dinge für dauerhaft. Die Körper, die Gefäßen gleich aus Elementen gebildet sind, vergehen. Ihr Inhalt, das Lebensprinzip der Wesen, auch dieser vergeht. Jahreszeiten und Freuden, die sie bringen, vergehen. Die Größten unter den Menschen, die (geistigen) Eroberer[127)] und Götter, auch sie sind nicht von ewiger Dauer. Selbst Brahma und die Götter sind es nicht. Auch Brahma, der Herr aller Wesen, wird von dem Lasso des Todes gefangen.

Die Menschen gleichen Tieren, die im Schlachthaus eingesperrt, ihren Tod erwarten. Aber der Tod endet nicht im Nichts. Der Kreislauf der Welt nimmt die Menschen wieder auf und führt sie hier oder dort zu neuen Geburten. Die Bewohner der leidvollen Welten[128)] müssen Qualen der Hitze oder übermäßigen Kälte erdulden, die Yidags[129)] werden von Hunger und Durst geplagt. Die Tiere verschlingen sich untereinander. Die Menschen haben ein kurzes Leben und leiden an tausend Übeln. Die Lha ma yin[130)] sind unaufhörlich im Krieg.

Die Götter leiden, weil sie dic Begrenzung ihres Lebens im Paradies kennen.[131)] Überall herrscht Unglück, und die Wesen sind gleichsam in ein Flammenmeer getaucht.

Alle Dinge werden durch die Kraft der Wirkung geschaffen. Die Herrlichkeiten der himmlischen Welten und das furchtbare Elend der höllischen Welten entstehen aus Handlungen und haben keine andere Ursache.

Um sicher auf dem Weg des Heils geführt zu werden, ist ein erleuchteter Führer notwendig, der höchste Erkenntnis besitzt. Ein solcher Führer ist in unserer Zeit schwer zu finden. Doch wenn er fehlt, gleichen wir Blinden auf der Wanderung. Darum sucht vor allem jemand, dem ihr euch anvertrauen könnt.«

Nach diesen Worten segnete Tön kun droup pa voller Anmut die beiden Bienen und entfernte sich.

Überall, wo er vorbeiging, wurden die Wünsche und guten Absichten derer, die ihn sahen, seinen Reden lauschten oder auch nur von ihm sprechen hörten, erfüllt. Wie ein Komet den Himmel mit seinem leuchtenden Schweif durchmißt, so ließ Dubtob einen Zug von Glück hinter sich.

Schnell vorwärts eilend, ohne den Boden zu berühren, erreichte er das Kloster Migmeen-thiglai gompa.[132)]

Hier verwandelte sich seine körperliche Gestalt in ein Flammenmeer. Ebenso wie das Feuer erlöscht, wenn das Brennmaterial niedergebrannt ist, so verlöschten die Flammen, und die materiellen und geistigen Elemente, die die Gestalt von Tön kun droup pa gebildet hatten, lösten sich auf, so daß nichts mehr von ihm zurückblieb.[133)]

Einige Zeit nach dem Fortgang des Dubtob bemühten sich Dab-yang, die goldene Biene, und Ngag-nyen, die türkisfarbene, die Meditation der Wahrheiten, die ihnen gelehrt war, zu vollziehen, und ihr Verhalten nach ihr zu gestalten. Langsam aber verlöschte die Erinnerung an den Weisen und seine Ratschläge, und sie begannen wieder ihr sorgloses Herumschwirren im Lotushain. Sie spielten mit den anderen Bienen und berauschten sich an dem Nektar aus den Herzen der Lotusblüten.

Eines Tages, als Dab-yang hoch am Himmel flog, während Ngag-nyen tief in eine Lotusblüte versunken war, zogen sich plötzlich schwere Gewitterwolken wie ein Schatten zwischen

Himmel und Erde zusammen. Die Lotusblumen zogen unter dem Druck der Dunkelheit, die den Teich, auf dem sie wuchsen, einzuhüllen begann, ihre Blütenblätter ein, und Ngag-nyen hatte nicht mehr Zeit, aus der Blüte zu entkommen, in der sie eingeschlossen war. Voller Entsetzen und fast erstickt von dem Druck der Blütenblätter um ihren kleinen Körper konnte sie nur noch ganz schwach »cup, cup, cup« rufen.

Dab-yang, der den Himmel sich verdunkeln sah und seine Frau nicht neben sich erblickte, wurde von Unruhe erfaßt und flog voller Eile auf den Lotusteich herab. Er erreichte den stolzen Lotus, den Ngag-nyen besonders liebte.

Die fest zusammengeschlossene Blume aber bildete nur noch einen winzigen Ball, aus dem schwaches Stöhnen drang.

In verzweifelter Bestürzung begriff Dab-yang, daß seine bezaubernde Gattin im Lotus eingeschlossen war und wandte sich schluchzend nach allen Seiten: »Wehe, wehe, welch schreckliches Schicksal! Was soll ich nur in diesem furchtbaren Unglück tun? Warum dieses plötzliche Unheil?

O, ihr strahlenden Sterne, die ihr in eurem Himmelslauf die Erde erhellt, welch böses Geschick hat in einem Augenblick euer Antlitz verdeckt?

Was ist aus meiner schönen Geliebten geworden?

Wo ist meine Gefährtin, die so anmutig mit ihren durchsichtigen Flügeln die Luft durcheilte?

Was ist aus ihr geworden, die so melodische Lieder und zarte Geheimnisse summte?

Wo ist die Geliebte mit dem köstlichen Lächeln, mit den türkisfarbenen Augen, die so anmutig auf ihren sechs zarten Beinen daherschritt?

Wo ist sie, die ein Teil meines Herzens ist?

O, zeige dich mir, Ngag-nyen, meine Geliebte. Das Herz deines Gatten will zerspringen.
O, ihr grausamen schwarzen Wolken!
Wer hat ein solches Unglück über uns unschuldige Bienen verhängt?
O, Lotus mit den tausend Blütenblättern, vermagst du nicht, dich zu öffnen? Und du herrliche, wohlwollende Sonne, vermagst du nicht diese dunklen Wolken zu vertreiben?
O, daß du aus ihnen heraustrittst und die Erde wieder erwärmst und erhellst.
O, Wind, willst du nicht diese unheilvollen Wolken auseinandertreiben? Warum bin ich nicht ein Mann, der die Macht hat, diesen verschlossenen Lotus gewaltsam zu öffnen!
Aber ich bin nur eine ohnmächtige Biene. Will kein Gott mir zu Hilfe kommen, um den Wolken zu befehlen, daß sie sich entfernen? O, Ngag-nyen! Ngag-nyen!«
Aus ihrem Gefängnis heraus vernahm Ngag-nyen, die ganz still geworden war und ein wenig neue Kräfte schöpfte, die Klagen ihres Gatten und rief:
»Dab-yang! Dab-yang!«
Ihre Stimme, die kaum die Dicke der gefalteten Blütenblätter zu durchdringen vermochte, klang wie ein dumpfes Murmeln an das Ohr von Dab-yang. Als er sie vernahm, erfüllte große Freude sein Herz. Noch lebte die geliebte Frau, und er zweifelte nicht, daß sie dem Tod entfliehen würde. Die arme türkisblaue Biene aber teilte diese Hoffnung nicht, sondern dachte voller Trauer:
»Wie bedauernswert ist es, daß wir so wenig Zeit dazu verwendeten, die kostbaren Lehren des Weisen Tön kun droub pa zu meditieren. Hatten wir nicht versprochen, unser ganzes

Leben dies zu tun? Wir sind zu unseren leichtsinnigen Vergnügungen zurückgekehrt, und die Tage unseres Lebens wurden vergeudet. Nun bin ich eingeschlossen im Grab und werde bald eines elenden Todes sterben. Vielleicht aber wird doch die Sonne noch einmal scheinen und den Lotus mit ihren Strahlen erwärmen, daß er sich entfaltet und meine Flucht ermöglicht.«

Doch da sie um den würgenden Schmerz Dab-yangs wußte, wollte sie ihn trösten. Vielleicht war es das letzte Mal, daß er sie noch vernehmen würde.

»O, mein edler Dab-yang, welch trauriges Los hindert mich, dein liebliches Gesicht zu betrachten.

Warum mußte der König des Todes so plötzlich mich in sein Königreich forttragen?

Alle Dinge, die unser Entzücken waren, sind mir zu Feinden geworden. Diese weichen Blütenblätter, die unser freundliches Bett waren, sind zu harten Gefängnissteinen geworden.

Der süße Nektar, den wir tranken, wurde zum giftigen Getränk, in dem ich versinke.

O, mein geliebter Gefährte! Der weise Doubtob, der uns in der Lehre unterwies, hat uns gezeigt, daß alles Irdische vergänglich ist. Nun haben wir den Beweis. Noch vor kurzem genossen wir ein Glück, das dem der Götter glich, und nun stehe ich am Eingang in das Land der Toten, in dem ich die lange, gewagte Reise durch den Bardo[134)] antreten muß.

Ich gehe von hinnen und bedaure weder meinen zarten Körper noch meine guten Freunde, die Bienen, auch nicht diesen duftenden Garten. Aber ich sehne mich nach dir, du, mein geliebter Dab-yang. Während aller Zeit unserer Ehe hast du mir nur zärtliche Worte gesagt. Immer warst du mir treu und voller Hilfe, und mein Herz bricht bei dem Gedanken, daß ich dich nie wieder sehen soll.«

»O, Ngag-nyen! Ngag-nyen«, schrie Dab-yang, der seinen Schmerz nicht mehr zurückhalten konnte. »Beruhige dich und fasse Mut. Die Gefahren sind nur augenblicklich und haben ein Ende. Diese schwarzen Wolken können nicht immer im Raume hängen. Die herrlichen Strahlen der Sonne werden wieder die Erde erleuchten.

Es gibt weise Wesen, die Mittel kennen, die Dunkelheit zu besiegen. In den Städten und Felsgegenden leben Raben mit schwarzem Gefieder, die mit ihrem Gekrächz Orakel verkünden, die man zu deuten vermag. Wenn ich einen von ihnen um Rat frage, wird er ihn mir sicher geben. Unter Gesimsen und Dächern der hohen Gebäude nisten verschiedene Arten gefiederter Sperlinge. Könnten sie nicht Riten zu unserem Heil ausführen?

In Brunnen, Lachen und an anderen feuchten Orten wohnen Frösche mit mächtiger Stimme. Man hält sie für Boten der Schlangengottheiten.[135)] Wenn ich sie demütig bitte, werden sie uns zweifellos helfen.

In Felsenklüften und hohen Baumstämmen wohnen Schlangen, die furchterregend sind. Sie sollen Verkörperungen der bösen Wassergeister sein. Wenn wir sie um ihren Schutz bitten, könnten sie die Wolken auseinandertreiben.

In unterirdischen Bauten und auf Bergen wohnen asketische Murmeltiere, die ihr Leben in Meditation verbringen. Es heißt, sie haben die Weisheiten der erhabensten Ting gne dzin[136)] erlangt. Wenn sie wollen, so könnten sie kraft ihrer Gedankenkonzentration auf die Wolken einwirken und sie zerstreuen.

Auf dem Gipfel der Bäume in laubigem Blattwerk wohnt der Kuckuck, der liebliche Sänger mit dem bernsteinfarbenen Gefieder. Es heißt, daß er die Regenwolken hervorruft. Wenn ich ihn durch Geschenke gewinne, könnte er sie wieder vertreiben.

In den lieblichen Ebenen des Nordens grasen die Kyangs[137)] mit weißem Maul, denen die Götter ihre Botschaft geben. Sie sollen den kostbaren Stein besitzen, der die Strahlen der Sonne anzieht. Wenn wir sie anflehen, könnten sie ihre Kinnbacken heben und Hilferufe ausstoßen.

Überall in selbstgebauten Schlupfwinkeln lauern im Hinterhalt die Mörder mit den neun Gliedern,[138)] die für Verkörperungen der bösen Geister gehalten werden. Wenn wir sie um Rat fragen, werden sie vielleicht eine Möglichkeit entdecken, um die Gefahr abzuwenden.

In den Höhen des Himmels fliegt der Adler mit mächtigen Flügeln und läßt sich, durchdringende Schreie ausstoßend, auf Berggipfeln nieder. Wenn wir ihn anflehen, wird er vielleicht uns zuliebe seine unwiderstehliche Macht ausüben.

Es kann kein unabwendbares Unheil geben.

Es kann keine unheilvolle Macht bestehen, die nicht abzuwenden ist. Es herrscht der Wille und schafft Möglichkeiten zum Handeln. Mein Wille wurde besiegt. Aber er richtet sich wieder auf.

Ich werde eine Möglichkeit suchen und finden, um Ngag-nyen zu befreien.«

Mit diesen Gedanken flog Dab-yang fort, um Hilfe zu suchen.

Er fragte den Raben, der ihm die Antwort gab: »Die Nagas[139)] schicken die Gewitterwolken und der Kyong,[140)] der den Winden befiehlt, vermag sie zu vertreiben. Um dies zu erreichen, gibt es verschiedene Arten. Wohl droht ein Sturm, aber er wird nicht ernsthafte Folgen haben.«

Der Vorstand der Versammlung der Sperlinge sprach:

»Die Macht der Versammlung gleicht mächtigen Flammen, die einen Wald in Asche legen können. Wie sollte sie nicht etwas gegen ein Unglück vermögen, das im Vergleich zu den majestätischen Bäumen wie ein Grashalm erscheint. Erweist euch nur großzügig in den Opfergaben, die ihr bringt.«
Nach diesen Worten berief er die Versammlung ein und alle murmelten liturgische Formeln.
Der Frosch sprach: »In Wahrheit sind die dunklen Wolken das Werk der bösen Nagas. Wenn man sie bittet, vermögen sie sie zu vertreiben.« Und er wandte unverwandt seinen Blick zum Himmel. Die Schlange sprach: »Aus der Kapuze[141)] der aufgestörten Wassergeister kommen die schweren dunklen Hagelwolken. Ich habe die Macht, sie zu vertreiben.« Und sogleich begann sie geheimnisvolle Zeichen auszuführen, indem sie sich nacheinander zusammen- und auseinanderrollte.
Das Murmeltier sprach: »Du unterbrichst meine unaufhörliche Meditation. Aber um dir zu helfen, goldfarbene Biene, will ich für dich gute Wünsche[142)] aussprechen. Sei überzeugt, daß kein Böses geschehen wird.« Und das Murmeltier setzte sich schweigend nieder mit halbgeschlossenen Augen.
Der Kuckuck sprach: »Die Wolken bringen den Regen. Auf Geheiß der Götter kommen und gehen sie, wie ihnen befohlen. Der blaue Kuckuck hat ein wenig Macht über den Regen. Ich werde mich für dich verwenden.« Und er begann anmutig auf den Zweigen zu wippen.
Der Kyang sprach: »Du hattest nicht Unrecht, dich an mich zu wenden. Die Oberlippe des männlichen Kyang, die allein der lauten Stimme mächtig ist, ist ein wahrhaft magischer Edelstein, der Wünsche befriedigt. Einem Besen gleich fegt er die Wolken

vom Himmel fort.« Und seiner gewiß, streckte er die Oberlippe heraus und wendete sie gen Himmel.

Die Spinne sprach: »Es gibt kaum ein Mittel, um die Nebel vom Himmel fortzuziehen. Aber wenn du mir genügend Fleisch und Insekten bringst, werde ich die hierfür notwendigen Riten ausführen.« Und sie begann eifrig ein Netz zu weben.

Der Adler sprach: »Ich beherrsche die Nagas, nähre mich von Schlangen und Fröschen, die ihr Schatz sind. Die Bewegung meiner Krallen läßt die Donner rollen und die Blitze aufleuchten. Ich werde die Nagas bekämpfen.« Er flog hoch in den Himmel hinauf und stieß einen frohen, durchdringenden Schrei aus.

Dab-yang fühlte neue Hoffnung aufsteigen, nachdem er von diesen ausgezeichneten und hochberühmten Tieren tröstende Zusagen erhalten hatte und beeilte sich, zum Lotusteich zurückzukehren, in dem Ngag-nyen gefangen war. Bald wird sie befreit sein, dachte er bei sich. Doch während er in diesen Gedanken Trost fand, wurden die schwarzen Wolken immer dichter, bis sie den ganzen Horizont bedeckten und das Land in tiefste Finsternis getaucht war.

Nun rollte der Donner mit drohendem Grollen, und ein furchtbarer eisiger Windstoß erhob sich aus den Tiefen des Weltenraumes, fegte über die Ebenen und entwurzelte die Bäume des Waldes. Noch stärker preßten sich die Blütenblätter der Lotusblumen zusammen. Die arme türkisfarbene Biene fühlte sich vom Druck der Blüte, in der sie gefangen saß, zermalmt; die Staubfäden durchdrangen sie wie Nadelspitzen. »Dab-yang, Dab-yang!« rief sie leise. »Jetzt werde ich in diesem Gefängnis sterben!«

Die Donnerschläge kamen immer näher und wurden immer heftiger. Noch einmal seufzte Ngag-nyen: »Dab-yang! Wellen steigen aus dem Teich auf. Ich fühle, wie die Lotusblumen hin- und hergetrieben werden und aufeinanderstoßen. Hagel wird fallen, Blumen und Gräser werden zermalmt, die Blätter zerrissen, die Früchte werden abfallen, die Bäume bersten, und selbst die Felsen werden sich spalten. Fliehen müßte man, aber Ngag-nyen kann es nicht. O, Dab-yang, jetzt verstehe ich wohl, daß das Ende aller Dinge die Zerstörung ist. Alles, was zusammengesetzt ist, muß wieder auseinanderfallen.

Der Lasso des Königs des Todes ist um meinen Hals gelegt und zieht mit aller Macht. Worte wie: Töte, töte, schlage, schlage, ertönen um mich. Ich fühle mich in ein unbekanntes Reich geschleudert, in dem ich allein weitergehen muß.

Das trugvolle Schreckbild der Sechs Welten leuchtet wie unzählige Sterne in weiter Ferne. Niemand ist da, der mich freundlich empfängt oder schützt.

O, mein geliebter Dab-yang, richte deinen Geist auf die Lehre und zögere nicht mehr. Dies ist mein letzter Wunsch an dich, mein letzter Rat. Kannst du mich hören? Ich flehe dich an: suche dir einen Unterschlupf, in dem dich die tödlichen Hagelkörner nicht erreichen. Ich wünsche dir ein langes, tugendsames Leben und die Erfüllung deiner Wünsche. Lebewohl für immer.«

So erstickte Ngag-nyen und starb.

Dab-yang konnte nur mit Mühe die Worte durch die Dicke der Blütenblätter hindurch vernehmen, die im Todeskampf immer schwächer wurden. Es schien ihm, als ob Nadeln sein Herz durchstachen und nur der schwache Schrei »A-kha-kha«[143)] entrang sich ihm.

Der Wind verstärkte sein Heulen. Grelle Blitze erleuchteten den schwarzen Himmel, riesige Hagelkörner fielen tosend herab. Die Welt schien zu bersten.

Dab-yang verbarg sich in einer Felshöhle.

Weiter fiel der Hagel. Er schlug gegen die Felsen und höhlte sie aus. Kleine Bäche wurden zu wilden Strömen, die Wiesen verwandelten sich in Sümpfe, die hohen Pflanzen wurden ausgerissen und dem Boden gleich gemacht, die kleinen zu Staub zerdrückt, noch kleinere völlig vernichtet.

Plötzlich legte sich der Sturm. Die dunklen Wolken rissen auseinander und in aller Herrlichkeit leuchtete die Sonne auf.

Dab-yang kroch aus seinem Versteck und flog zu dem Lotusteich. Welch schreckliches Schauspiel bot sich ihm! Rasen und kleine Blumen bildeten eine klebrige Masse. Die Lotusblumen waren unter das Wasser getaucht, sobald der Hagel eingesetzt hatte und steckten nun vorsichtig eine nach der anderen ihre Köpfe wieder hervor, um anmutig auf der Fläche des Teiches zu schwimmen. Die Blume, in der die unglückliche Ngag-nyen gefangen war, wurde nicht zerstört. Ngag-nyen aber war erstickt, als die Lotusblume unter das Wasser tauchte, und ihr kleiner, zerdrückter Körper schien an den feuchten Blütenblättern zu kleben, die sich nun wieder öffneten. Bei diesem Anblick wurde Dab-yang von solcher tiefen Verzweiflung erfüllt, daß ihm das Herz zu brechen schien. Ströme von Tränen netzten seine Wangen. Vor seinen Augen öffneten sich wieder die Lotusblumen in der strahlenden Klarheit der leuchtenden Sonne, und eine Menge von Bienen flog voller Freude zwischen ihnen hindurch.

Von Ngag-nyen türkisfarbener Schönheit war nur noch ein wenig Staub zurückgeblieben, und Dab-yang war für immer allein.

»Wehe, wehe!« rief er aus, »o, welches Elend. Das ist der Schmerz, der aller Welt zugrunde liegt.

Alles ist Trug, alles verwandelt sich in Leid. Die vorübereilenden Freuden werden bald zu Trauer und Verzweiflung.

Einen Augenblick nur öffnen sich die herrlichen Blumen,
Deren Blätter nun herabgefallen sind.
Einen Augenblick nur breitet sich das reiche Blattwerk aus,
Das nun über den Boden zerstreut liegt.
Morgens noch war der Garten voller Schönheit,
Jetzt ist er ein Ort der Zerstörung geworden.
Vor einigen Stunden noch lebte die innig Geliebte,
Geist und Leib sind nunmehr getrennt.
Nur einen Augenblick genoß ihr glücklicher Gatte Dab-yang
Das herrlichste Glück ihr zur Seite.
Nun ist er Beute verzweifelten Schmerzes.
Ein Augenblick nur, und die Königin der Bienen
Mit den kleinen sechs Beinchen wurde zum leblosen Leichnam.
Denke ich an diese Dinge,
Ist mein Geist voll Trauer erfüllt,
Dumpf und von Angst zerrissen.
Der schreckliche König des Todes
Hat plötzlich meine Geliebte erfaßt.
Wann wird er mich holen?
O, weiser Meister, hätte ich deine Lehren besser befolgt!
Kann mein Herz sich jetzt wandeln?
Kann ich von nun an ein weises und heiliges Leben führen?
O Meister, ich flehe dich an, gewähre mir deine Gnade!«

Mit solchen Empfindungen flog Dab-yang, die goldene Biene, ziellos – oder eher von einem geheimen Einfluß angezogen – zur Kristallhöhle, in der der junge Einsiedler Padma Gyaipa wohnte. Mit übernatürlichen Fähigkeiten begabt, wußte dieser von Dab-yangs Ankunft und kannte auch seine Verfassung. Immer hatte diese goldene Biene eine Sehnsucht nach der Lehre Buddhas, dachte der Eremit. Vielleicht aber erfüllt sie nur das

Unglück, das sie getroffen hat, mit Abscheu vor der Welt, und sie vergißt bald wieder ihren Vorsatz und wird unbekümmert und gedankenlos. Ich werde sie empfangen und in ihren guten Absichten unterstützen.

Er rief Dab-yang beim Vorüberfliegen an: »Wie kommt es, mein Freund, daß du an meiner Kristallhöhle vorüberfliegst und so melancholische Klagen singst?

Ich weiß, daß deine schöne Frau vom Lasso des Todes ergriffen wurde. Ein beklagenswertes Geschehen, aber du darfst dich nicht so sehr grämen, sondern mußt wieder Mut fassen.

Nur die Übung der in der Lehre verkündeten Gebote und die Verwirklichung der tiefen Wahrheiten, die sie offenbaren, können uns glücklich machen. Die Vergnügen der Welt locken uns, bringen aber nur Enttäuschungen. Wenn du deine Gefährtin verloren hast, willst du dann nicht eine andere suchen? Niemals sieht man, daß der Tod eines Familiengliedes die ganze Familie zerstört.[144)] Der Wechsel ist die beständige Nahrung des Lebens, das zwischen den unbeständigen Erscheinungen hin- und herrollt.

Plötzlicher Eifer und ein ungestümer Glaube ohne vernünftige Grundlage werden nur vorübergehend sein. Denke darüber nach. Wer sich in die Einsamkeit der Berge zurückzieht, ohne genügend geistige Festigkeit zu besitzen, wird von der Einsamkeit erschreckt. Ich warne dich, goldene Biene.«

Bewegt von den Worten des Eremiten antwortete Dab-yang: »O, Sohn aus der Reihe der Brahmanen, Ihr lebt glücklich in dieser Einsamkeit und erfreut euch am Duft der Lotusblumen. Euer Erbarmen mit der demütigen, hilflosen, kleinen Biene ist mir unendlich kostbar.

Lieber Padma Gyaipa, Ihr müßt einen wirklichen Buddha zum

geistigen Lehrer gehabt haben, von dem Ihr die tiefen Wahrheiten lerntet. Ihr habt sie verstanden und seid von ihnen geführt worden.
Ihr lebt glücklich und singt ein fröhliches Lied in der Kristallhöhle. Neigt Euch meinem Gebet.
Ich flehe Euch an: singt mir ein Lied, das den Pfad des Heils feiert. Belehrt mich in einer Unterweisung über die Unbeständigkeit und Unwirklichkeit aller Dinge.
Bringt mir die Vorteile der geistigen Befreiung nah und laßt sie mich erfassen.
Denn ich, die kleine Biene Dab-yang, möchte von nun an in der Einsamkeit leben.
Ich will mein ganzes Leben der Meditation hingeben und meine eigenen Gedanken wie ein vorübergehendes Schauspiel betrachten. Ich beschwöre Euch, mein sehr lieber Freund: nehmt mich auf und unterweist mich mit klar verständlichen Worten ohne Rätsel und Geheimnis.«
Nach diesen Worten dachte der Eremit:
»Dab-yang meint es ernst und ist nicht unbesonnen. Er wird durchhalten und ist zweifellos von überdurchschnittlichem Verstand. Ich werde seinem Wunsch willfahren und ihn durch eine geeignete Rede unterweisen.« So sprach er:
»Du kleine Biene, die du dich einem erhabenen Schicksal anvertraust. Ich, der Schüler eines sehr weisen Meisters werde dir eine edle Lehre predigen.
Befleißige dich, gut zuzuhören und mit Eifer dein Betragen dem Gehörten anzupassen.
Das Gefährt, das die Wesen trägt, schwimmt auf dem Meer des Trugs. In dem Schiff kämpfen die Wesen untereinander in einem Gemenge, das sie alle umbringt.

Der Schmerz setzt sich von einem zum andern mit der Schnelligkeit eines Feuers im Dschungel fort.
Jeder wendet sich ab von wohlwollenden Taten.
So ist das Glück ebenso vorübergehend wie der Morgenstern beim Anbruch des Tages.
Da sich jeder bösen Handlungen hingibt, gleitet das Unglück langsam und mit Ausdauer voran, wie die Schatten des Abends.
Begehrlichkeit und Luxus bohren ein Loch in die Wurzel von Haß und Zorn, und durch dieses Loch fällt das Glück der Menschen und Götter wie Körner hindurch.
In alten Zeiten bestand die Welt aus herrlichen Städten.
Ihre Bewohner verkehrten miteinander, indem sie wie Vögel zueinander flogen.
Ihr Glück glich dem der Bewohner himmlischer Höhen.
Sie wurden von Weltbeherrschern[145)] regiert, deren Herrschaft sich über die vier Kontinente ausbreitete und über die umliegenden Inseln. Das Gesetz der zehn Gebote blühte auf.[146)]
Die Menschen vermehrten sich und bevölkerten die Sphären der Götter. Die Götter vermehrten sich und erfüllten die Gärten und Länder mit Blumen.
Heute besteht die Welt aus Reihen von Ruinen.
Harte Erde, die nicht bebaut werden kann, breitet sich in weiten Räumen aus.
Die Menschen haben Freude an Festen, bei denen sie sich mit Fleisch und Blut füllen.
Boten aus den Höllen regieren als Herrscher über sie.
Ihre Herrschaft wird erhalten durch mächtige Blutbäder.
Zu Elend verdammt werfen sich die Wesen aufeinander.
Betrug und Selbstsucht sind die obersten Gesetze.

Die wirklichen Menschen sind verschwunden und an ihre Stelle sind Schurken und Betrüger getreten.
Meister der schwarzen Wissenschaften, die das Geheimnis der tödlichen Krankheiten und die Kunst des Mordens besitzen, erfreuen sich an ihrem Wohlergehen.
Der König auf seinem Thron ist ein Betrüger.
Ungerecht und listig straft er die Unschuldigen.
Verräterisch treibt er seine Untertanen in den Krieg.

Die großen Lamas üben Betrug. Sie hüllen die religiösen Lehren in einen Schleier der Geheimnisse ein und verkünden lügnerische Prophezeiungen.
Sie verkaufen Einweihungsriten gegen materielle Güter.
Durch magische Mittel suchen sie Herrschaft zu erlangen.
Ihre ganze Religion besteht in Gaukelei, um, wie sie sagen, die Übel zu vertreiben, die die Laien bedrohen.

In seiner einsamen Hütte begeht der Eremit Betrug.
Er verbringt seine Zeit mit Schlafen.
Vor dem gewöhnlichen Volk aber nimmt er bestimmte Stellungen ein und führt besondere Gesten aus.
In verschwiegenen Gegenden versteckt er seine Habe.
Er läßt sich von den Laien, die ihn umgeben, mit Schmeicheleien überschütten.

Auch die Masse des einfachen Volkes begeht Betrug.
Ihr Denken kreist wie das Rad des Töpfers.
Es dreht sich nach ihren Bedürfnissen.
Der einfache Mann liegt auf der Lauer, um zu sehen, wie die Dinge laufen.

Dann folgt er dem Stärksten nach.

Die Einstellung der Massen gleicht einem Frühlingstag.
Ihre Handlungsweise wechselt: Zu gewissen Zeiten ist sie deutlich, im nächsten Augenblick verborgen.
Die Beständigkeit des Volkes ist dem Saugrüssel der Biene zu vergleichen, den man nur beim Essen sieht. Nach der Mahlzeit ist er verschwunden.
Die Achtung, die die Masse zollt, ähnelt Gestalten auf einem Bild, die auf der Oberfläche hübsch anzusehen sind, aber nichts steht dahinter. Ihr Glaube und Vertrauen gleicht einem Lungenragout, das den Mund füllt, aber den Magen nicht nährt.

Die Frommen üben Betrug.
Ihre Aufmerksamkeit und ihre Gedanken gleichen Froschlarven.
Sie haben einen zu großen Kopf und zu schmalen Schwanz.
Ihr Eifer ähnelt dem Maul des Frosches.
Sie sind eifrig im Zuhören, aber nicht in der Übung.
Sie betrügen ihre (geistigen) Lehrer.
Sie jagen ihr ganzes Leben materiellen Interessen nach.
Wenn die Zeit ihres Todes naht, schlagen sie sich an die Brust und wehklagen.
Sie begnügen sich mit Vorsätzen für die Zukunft.
Aber der noch am Morgen lebte, ist schon am Abend erkaltet.

O, mein Freund, was ich dir eben sagte, habe ich noch keinem gesagt. Wenn deine Gefühle den meinen entsprechen, werden wir zusammen auf dem Pfad der Weisen wandern.

Wir werden alle materiellen Interessen forträumen wie einen Stein vom Wege.
Wir werden uns voller Eifer dem Studium der Lehre widmen.
Wir werden alle rituellen Formalitäten in den Wind werfen.
Willst du dich hierzu entschließen, du auserwählte Biene?«

Es heißt, daß beim Hören dieser Rede Dab-yang, tief überzeugt von ihrer Wahrheit, die geistige Erleuchtung empfing.

Lebensregeln des Lama Rajah

Erbarmen bringt glückliche Ernten im kommenden Leben;[147)]
Moral ist Vater und Mutter, die eine glückliche Wiedergeburt ermöglichen;
Geduld ist ein Schmuck, der alle ziert;
Ausdauernde Bemühung führt zu Erfolg.

Die Meditation ist das Filter, das einen unreinen Geist reinigt;
Klugheit ist die Waffe, die alle Feinde unterwirft.
Wer diese Regeln in die Tat umsetzt,
Wird in Wahrheit Sohn der Sieger.[148)]

Wer alle Greise wie Eltern achtet,
Wer kein häßliches Gefühl in sich aufkommen läßt,
Wer gute Bräuche lernt durch Sehen und Hören,
Der wird sein Heil vorbereiten.

Freut euch nicht, wenn Tod oder Unglück eure Feinde treffen;
Seid nicht voll Stolz, selbst wenn ihr Indra gleicht;
Was ihr auch tut, recht sei es wie die (rechte) Folge Buddhas;
Der Einsichtige handelt so.

Spannt die Gedanken wie den straffen Bogen,
Sprecht Worte, gerade wie ein Pfeil;

Sind eure Taten nicht von Selbstsucht eingegeben,
Wird wenig Tadel in euch sein.

Soll niemand euer Herz erkennen,
So dürft ihr allerorts nur wenig reden.
Die Menschen zeigen außen, was im Innern ist,
Durch viel zu viel Geschwätz.

Die Frau, die nur an ihren Gatten denkt, nicht anderen vertraut,
Die wenig und nur echt Gefühltes spricht,
Die kundig ist der Güte zu den Nächsten,
Auch wenn sie altert, bleibt sie immer schön.

Wem einen Schwur zu halten mehr gilt als das Leben,
Wer Weisheit sucht durch Hören, Denken, Meditieren,
Wer schon in diesem Leben auf das Irdische verzichtet,
Der ist der schönste Schmuck inmitten aller, die die Lehre halten.

Wollt ihr zufrieden sein und voller Ruhe, vertraut nur eurer Kraft.
Begehrt ihr Freunde, lobet jedermann.
Begehrt ihr Rat, die Weisen fragt.

Erörtert nichts mit Stolzen, die sich Großes dünken,
Sucht Wettstreit nicht mit den Begünstigten,
Beleidigt nicht die voller Mißgunst,
Hegt keine Rache gegen Überlegene.

Laßt ab von schlechten Bräuchen auch der Väter,
Nehmt gute Bräuche auch von Feinden an.

Man darf das Gift nicht trinken, selbst von Mutter Hand.
Doch nimm das Gold, auch wenn der Feind es gibt.

Sagt nicht zu schnell, was euer Herz begehrt;
Gebt nicht dem Zorn nach, wenn ihr Wichtiges erstrebt.
Seid nicht zu fordernd gegen wahrhaft Fromme;
Nehmt keinen Rat von Menschen, die das Unglück hart gemacht.

Wem rechte Ordnung wichtiger als Gold,
Wer voller Achtung spricht von Edlen und von Weisen,
Wer mit der Kraft des Löwen seine Feinde unterwirft,
Der ist erwünscht im Rate der Minister.

Wer Mönchsgewand trägt und die Regeln nicht beachtet,
Wer sich erleuchtet dünkt und es nicht ist,
Der gleicht dem blaugefärbten Fuchs,
Den einen Augenblick man liebt und dann verhöhnt.

Wer als Almosen gibt gestohl'nes Gut,
Wer zu den Göttern betet und das Leben opfert,[149)]
Auch wenn er Gutes glaubt zu tun, ist voller Sünde.
So handeln Irre, die die Welt der Leiden (Höllen) sich bereiten.[150)]

Unter Priestern gibt es Schurken;
Unter Heilkraut auf den Bergen gift'ge Kräuter;
Unter Freunden gibt es Übeltäter,
Darum bleibe auf der Hut.

In Jugend und Zufriedenheit
Reicht mancher Vorsatz bis hinauf zum Himmel.
Im Alter aber nah dem Ende,
Vermag kaum einer Körper noch und Worte zu beherrschen.[151)]

Ein Mensch, der nicht erstaunt, wenn andere Berge heben,
Doch wenn er selbst nur Federn tragen soll, schon stöhnt,
Und überdies nach Lob und Achtung (für die kleine Arbeit) sucht,
Ein solcher wird erniedrigt werden.

Wem Eifersucht mehr brennt als Feuer,
Wer nur Komplotte schmiedet, seinen Mann zu hintergehen,
Wer kein Vertrauen zu ihm hat und ihn betrügt,
Ein böser Geist im Haus ist solches Weib.

Wer jeden überhäuft mit bösen Blicken,
Wer mit den Nachbarn streitet, sie mit Worten kränkt,
Wer Klatsch von einem hin zum andern trägt,
Der böse Geist der ganzen Stadt ist solches Weib.

Wer Feindschaft und Betrug vermehrt,
Doch selbst kein böses Wort erträgt,
Wer durch gemeine Lügen Geister sich gefügig macht,
Der böse Geist des ganzen Landes ist solch Weib.

Wer alles Gute eigenem Verdienst zuschreibt,
Doch um geringstes Übel andere tadelt,
Wer bei Erleuchteten nach Fehlern sucht,
Ein solcher Mensch hat den Verstand des Raben.

Das böse Mitglied einer Ratsversammlung
Gleicht Gift in einem Faß von Wein.
Dem, der nicht wahr ist, Buddhas Lehre künden,
Hieß Milch der Schlange geben, die voll Gift.

Aus Wunsch nach Reichtum geizig sein,
Kritik an andern üben, um berühmt zu werden,
Törichtes meditieren, zur Erlangung geistiger Kräfte,
Drei trügerische Mittel sind dies auf dem Weg.

Seinen geistigen Lehrer durch Worte herabsetzen,
Jene unterdrücken, die Hilfe und Schutz gewährten,
Gestohl'nes Gutes vor dem Besitzer rühmen,
Ein Schamloser, der solcher Art.

Leicht sind voll Rachsucht Eltern, die zu Hohes sich erhofften,
Vertrauen wird in einem schwachen Kopfe leicht erschüttert;
Leicht ist Versöhnung, wenn die Menschen gleichgestimmt.
Der Stolze kommt leicht vor den Fall.

Auch wenn ein Schurke hundertmal versucht, die Wahrheit auszusagen,
Stets brüstet er sich selbst im Unrecht noch.
Gleich einem Kleid, das hundertmal gewaschen,
Im Wasser voller Schmutz wird niemals rein.

Wer auf dem Mund trägt, was er von der Lehre weiß,
Wer nicht die Herzensstärke anderer erträgt,
Wer andere belügt, um sich herauszustellen,
Der Bruder eines Hunds sei er genannt.

Der König, der sich bereichert, indem er seine Untertanen ausraubt,
Der den weißen Sonnenschirm der zehn tugendhaften Handlungen[152] fortstellt,
Der ohne Belohnung oder Züchtigung gute wie schlechte Handlungen durchgehen läßt,
Ein solcher König steht vor seinem Untergang.

Wer demütig nach außen scheint in Haltung und in Worten,
In seinem Inneren aber (seinen Herrscher) treten möchte,
Wer bei geringstem Mißgeschick sich an die Spitze stellt der Feinde,
Der ungetreuste aller Diener ist er.

Wer weiterträgt, was er vernommen,
Wer auch geringste Dienste ohne Murren nicht verrichtet,
Wer für sich nimmt, was er erhaschen kann,
Der schlimmste Diener unter allen ist er.

Abwegig, was der Unwissende erstrebt und was er ablehnt;
Das Lob, das er sich selbst zollt, macht ihn wahrhaft klein.
Wenn seinen Herrn er lobt und buddhagleich erhebt,
Wird dieser nur als üblich Volk betrachtet.

Unter den Dingen, die man annehmen oder ablehnen muß,
Ist das Schlimmste die Unwissenheit.
Um den Feind, die Unwissenheit, zu besiegen, ist Klugheit notwendig.
Um Klugheit zu erwerben, ist kräftige Anstrengung die beste Methode.

Der Reformator des Lamaismus

Tsong Khapa

Tsong Khapa wurde um 1356 im Land Amdo geboren in einer Gegend, in der ihm zu Ehren das große Kloster von Koum Boum[153)] erbaut wurde.

Tsong Khapa ist ein Beiname und bedeutet »Geborener vom Rand oder der Mündung des Zwiebelflusses«. Der wirkliche Name von Tsong Khapa ist Lobzang Tagpa. Als Dje Lobzang Tagpa (»Der edle Lobzang Tagpa«) wird er von den Tibetern verehrt. Fremdländische Autoren haben allgemein Tsong Khapa als den Reformator des Lamaismus dargestellt. In Wirklichkeit reformierte er nur die Mönchszucht, indem er den Mönchen alkoholische Getränke untersagte und sie zum Zölibat zwang. Früher war es den Gliedern der Priesterschaft erlaubt gewesen, Bier und Korn zu trinken, und jene unter ihnen, die nicht die höheren Weihen erhalten hatten, durften heiraten.

Der Vorgänger auf diesem Weg war ein großer indischer Buddhist: Atisha, der 1038 nach Tibet kam. Mit seinem Schüler, dem Geschichtsschreiber Dom ton (nach tibetischer Orthographie: Brom ston) gründete er eine reformierte Sekte, deren Meister Ka dam pa hießen, das bedeutet »Jene, die durch Gebote oder Vorschriften gebunden sind«. Die Sekte glaubte sich

auch im Besitz von mündlich überlieferten Lehren, die die Tibeter sang wai damnag (geheime Lehren) nennen.
Atisha gehörte zu dem idealistischen Zweig der buddhistischen Philosophen-Schulen, die in Tibet Sems tsam pa nam dzun pa genannt werden. Diese behaupten, daß die Erscheinungen keine materielle Wirklichkeit besitzen und nur Schöpfungen unserer Phantasie sind.
Die Regeln, die Atisha und Dom ton geboten, erschienen der tibetischen Priesterschaft zu streng, da die größte Zahl von ihnen mit Ausnahme weniger Anachoreten, ein recht freies Leben führten. So hatte ihre Reform nur mäßigen Erfolg.
Tsong Khapa, der sich nur an gewisse Regeln dieser Reform hielt, wie an das Verbot des Alkoholtrinkens und an die Verpflichtung zum Zölibat für alle Mönche, milderte die für zu streng erachteten Vorschriften und erreichte dadurch, daß die alten Sekten verdrängt wurden.
Nach und nach breiteten seine Nachfolger, unterstützt durch die Herrschaft der Mongolei und Mandschurei, ihren Einfluß so weit aus, daß sie die Vorherrschaft über ganz Tibet erhielten.
Die Gelugpas, Mönche der Sekte Tsong Khapas bildeten nicht nur eine staatliche Priesterschaft, sondern eroberten auch in Gestalt des Dalai Lamas die weltliche Macht.
Im Unterschied zu den Mönchen früherer Sekten, die rote oder schwarze Haartrachten trugen, ließ Tsong Khapa seine Schüler gelbe Mützen tragen. Daher der Name Shaser (Gelbmützen), der ihnen meist von den Tibetern gegeben wird, im Gegensatz zu den Shamar (Rotmützen), dem Namen der Frommen, die noch die alte Haartracht bewahrten.
Ebenso wie Tsong Khapa die Mönchsregeln, die Atisha und Dom ton aufgestellt hatten, von Härten befreite, milderte er

auch den radikalen Idealismus, zu dem sich eine Anzahl der religiösen Elite bekannte. An die Stelle einer Formulierung wie: »Die sichtbare Welt ist nur eine Täuschung, eine einfache Projektion des Inhaltes unseres Geistes«, trat die Ansicht von Tsong Khapas Schülern, die eher so lautet: »Die Welt besteht, aber sie ist nicht Wirklichkeit.« Dies ist die buddhistische Auffassung, daß die Erscheinungen, die die Welt ausmachen, keine eigene Wesenheit haben. Wie bei allen bedeutenden Persönlichkeiten Tibets bieten die Biographien Tsong Khapas mehr Legenden als historische Tatsachen seines Lebens.
Gués dun dub dje,[154)] *ein Neffe von Tsong Khapa, soll der Autor einer Biographie dieses Reformators gewesen sein, mit dem Originaltitel »Dampai Djug Ngogs«, der übersetzt werden kann mit: »Das heilige Ufer, an dem man sich niederläßt, nachdem der Fluß überschritten wurde.« Dies ist eine dichterische Form, um auszudrücken, daß Tsong Khapa seinen Getreuen hilft, den Fluß der Welt zu durchqueren und »das andere Ufer« zu erreichen, was in buddhistischer Umschreibung »Die Befreiung«, Nirvana heißt.*
Von dieser Biographie sind nur noch reichlich ausgeschmückte Auszüge erhalten, die von den Herausgebern stark »verschönt« wurden. Wie üblich, geht ihr eine Huldigung an den Meister voraus, dessen Laufbahn beschrieben wird.

Auszug aus einer Biographie des Tsong Khapa

Ich werfe mich zu Füßen des mächtigen und heiligen Meisters, des Schülers der alten und allumfassenden Lehre Buddhas, nieder.

Begabt mit den vollkommen segensreichen Eigenschaften hatte er seit langem den Bereich der großen Wogen der Wirksamkeit eines Bodhisattvas[155)] überschritten.
Die leuchtenden Strahlen des Geistes von Manjuçri, die aus der aufgeblühten Lotusblume der Erkenntnis ausstrahlen, offenbarten ihm mit hellsichtigem Blick das Gesamt des kostbaren Wissens von den gewöhnlichen und ungewöhnlichen Dingen.
Es ist schwer, die Zeichen aufzuzählen, die ihn charakterisieren, da sie so zahlreich und hervorragend sind.
Nachdem er vollkommener Meister der zehn Erden[156)] in zahlreichen Kalpas[157)] geworden war und alles vollendet hatte, was zu erreichen war, ließ er das Rad des Gesetzes sich in jeder der unreinen Welten[158)] drehen.
Während seiner Daseinsformen wurde er König in einigen dieser Welten, in anderen lebte er als Asket, in wieder anderen nahm er die Gestalt Indras oder Brahmas[159)] an. Er verkörperte sich in zahllosen Körpern, die der Verwirklichung seiner Absichten entsprachen, um mit jenen in Verbindung zu treten, die durch die Religion geschult werden sollten.
Wie ein einziger Mond sich auf seiner Bahn in allen Gefäßen auf Erden widerspiegelt, die mit Wasser gefüllt sind, so wurde er dank seiner vollkommenen Lehre als Meister für alle Menschen unserer Art geboren.
Zweitausendzweihundertundfünfunddreißig Jahre waren vergangen seit dem Tag, an dem Buddha am Ufer des Nerandjara die geistige Erleuchtung erlangt hatte, als im einunddreißigsten Jahre des sechsten Zyklus, im Jahr des männlichen Feuers und des weiblichen Vogels, Tsong Khapa in Amdo[160)] geboren wurde.

Der Bod yul[161)] umfaßt drei Teile: die Höhe, das Unten und die Mitte.
Die »Höhe« ist der Geburtsort der Edlen,[162)] die »Mitte« ist der Bereich, aus dem die edle Rasse der Tibeter stammt, die »Vier Bereiche von U und Tsang« (U tsang gi ru ji)[163)] genannt. Das untere Land umfaßt Khams, Amdo und Gang (Sgang), die Erde der »Vögel« genannt.[164)]
In Amdo fließt der große Zwiebelfluß,[165)] der sich in mehrere Zweige teilt, die verschiedene Täler mit Wasser versorgen.
Am Ufer des Dogmo (Grogmo) wurde Tsang Khapa geboren.
Früher hielten die Völker des »Landes des Schnees« (Tibet) Ngari für die bedeutendste Gegend.[166)] Aber seit der Geburt des Tsong Khapa (und seinetwegen) wird Amdo[167)] das Reich des Wissens genannt.
Der Vater von Tsong Khapa hieß Ta ra hha lu bum ge (Ta ra kha thche klu hbum dge). Das bedeutet: »Der tugendhafte Tarakhatche aus Lubum (dein Land, das dem Lubum Stamm gehört).« Er war ein treugesinnter, wahrhaftiger und tapferer Mann, der von allen geachtet und geliebt wurde.
Einzelheiten stehen in dem Buch des Lama Sumbah Rimpotche: Tcheu dijyung (tchos bhyung).
Die Mutter von Tsong Khapa hieß Atcheu (A Tchos). Sie war ein aufrechter Mensch und in ihrem Handeln offen und ohne Betrug. Beide Eltern waren tief religiös und mitleidsvoll gegenüber allen Wesen.[168)] Sie waren mit Gütern gesegnet und hatten sechs Söhne, unter denen Tsong Khapa der vierte war. Zu ihren Verwandten, den nahen, entfernten und angeheirateten zählten Tausende von Menschen, und mehrere ihrer Vorfahren waren bedeutende und tugendreiche Lamas gewesen. So war die Erbmasse von Tsong Khapa ausgezeichnet.

Verschiedene Zeichen begleiteten seine Geburt.
Kurz zuvor, gegen Ende des Affenjahres, sah sein Vater im Traum einen Mönch, in einen verschiedenfarbigen Chormantel[169)] gehüllt und mit einem Sham thabs bekleidet,[170)] hergestellt aus den Blättern, die »Blätter des Paradiesbaumes der dreiunddreißig Götter« heißen und gelber Seide ähnlich sind. Dieser Mönch trug eine Blumengirlande und ein Buch.
Er sprach: »Ich bitte euch um Unterkunft.«
Im obersten Stockwerk des Hauses von Tarakhatche gab es ein Tcheu khang (mtchod khang).[171)]
Ohne auf Antwort zu warten, schien der Mönch dort hineinzugehen. Der fromme Tarakhatche war gewohnt, die Namen der Gottheiten und ihre Eigenschaften[172)] aufzuzählen. Er hielt diesen Traum für einen besonderen Segen des Djam yangs (hdjam dbyangs),[173)] der ihm die Geburt eines außergewöhnlich klugen Sohnes anzeigte.
Dieser Traum bezeugte, daß Tsong Khapa eine Verkörperung des Djam yangs sei.
Ihrerseits sah die Mutter Tsong Khapas im Traum eine Ebene voller Blumen. Tausende von jungen Mädchen saßen dort in Reihen, und sie saß unter ihnen.
Aus dem Osten kam ein sehr weißer Jüngling mit einem rituellen Gefäß (das geweihtes Wasser enthält) in Händen.[174)] Dann nahte aus dem Westen ein rotes Mädchen. Sie hielt in ihrer rechten Hand einen Bund von Pfauenfedern und einen Spiegel in der linken Hand.
Der Jüngling und das Mädchen schienen miteinander zu beraten. Der Junge fragte: »Welches unter allen diesen Mädchen[175)] ist die entsprechende?« Das rote Mädchen antwortete: »Alle haben Unvollkommenheiten.« Da legte der Jüngling den Finger

auf die Mutter und fragte von neuem: »Und diese?« Das Mädchen lächelte und antwortete: »Sie entspricht vollkommen.«
»Dann gib«, sprach der Jüngling, »der Mutter, die ihn gebären wird, von dem heiligen Wasser.« Und das Mädchen gab, während sie rituelle Formeln sprach, das geweihte Wasser der Mutter Atcheu, und alle Befleckung ging von ihr.[176)]
Eine plötzliche Seligkeit erfüllte Atcheu und erwachend fragte sie sich nach der Bedeutung dieses Traumes.
Von dieser Zeit an hatte sie noch eine Reihe seltsamer Träume. In einer Nacht träumte sie, daß ihre Nachbarn und die Leute ihrer Umgebung den Djowo[177)] in das Land einluden.
In einer anderen Nacht sah sie Sonne, Mond und Sterne zu gleicher Zeit am Himmel aufsteigen.
Auch geschahen Wunder, deren Zeuge das ganze Volk von Amdo war: Blumenregen fiel auf das Land, die Luft war voller Weihrauchduft, und eine Musik, die von unsichtbaren Musikern gespielt wurde, erklang im Himmel.
Noch einmal träumte Atcheu in der zehnten Nacht des ersten Monats des Jahres der Vögel. Sie sah eine große Volksansammlung: Lamas und Laien trugen Banner und spielten auf verschiedenen Musikinstrumenten. Während des Marsches sagten sie zueinander, daß sie zu Chenrezigs gingen. Atcheu blickte im Traum um sich, konnte ihn aber nicht sehen. Als sie die Augen zum Himmel richtete, sah sie zwischen den Wolken eine Goldstatue, so hoch wie einen Berg, die von allen Seiten wie Sonnenglanz erstrahlte. Die Statue predigte die Lehre mit tiefer Stimme, und die Lamas sagten die heiligen Schriften im Chor auf.
Die Statue umstanden Buddhas, Götter und Göttinnen, die wunderbar gekleidet waren. Langsam stieg sie hinab und wurde immer kleiner. Als sie nur noch ein tho gang (mtho gang)[178)]

groß war, berührte sie den Scheitel des Kopfes von Atcheu und ging in sie ein.
Da verneigten sich alle, die die Statue umstanden hatten, vor ihr.
Beim Erwachen war sie von heller Klarheit des Bewußtseins und von ausgezeichneter Gesundheit. Sie tat keine böse Handlung und wirkte nur Gutes.
Diese Tatsachen bezeugten, daß das Kind, das sie gebären sollte, eine Verkörperung Chenrezigs sein würde.
Tarakhatche hatte auch einen Traum. Er sah Chanag Dordji von der Höhe seines Palastes in Tchang lo tcheen einen Dordji aus Gold herabwerfen, und dieser drang in Atcheu ein.
Als Tarakhatche erwachte, dachte er: Dieser Traum wird bedeuten, daß ein Sohn mir geboren wird, der sehr mächtig wird. Dieser Traum zeigt, daß Tsong Khapa eine Verkörperung des Chanag Dordji ist.
Endlich hatte sie, die Tsong Khapa gebären sollte, während des Winters im Jahr der Vögel noch einen Traum:
Sie sah eine große Stadt, in der eine Anzahl von Mönchen und Laien einen Geleitzug bildeten und fünf Arten verschiedener Opfergaben trugen, die für einen Tempel bestimmt waren.
Während des Weges fragten sie sich untereinander, wo der Tempel sei. Der gleiche weiße Jüngling, den sie im früheren Traum gesehen hatte, erschien und hielt in der Hand einen Schlüssel aus Kristall. Zu denen gewendet, die nach dem Tempel fragten, sagte er: »Hier ist er.«
Man sah auf der Brust der künftigen Mutter eine kleine gelbe Pforte. Der Jüngling steckte den Schlüssel hinein und öffnete. Eine kleine Statue aus Gold wurde sichtbar (die gleiche, die in einem früheren Traum in den Kopf Atcheus eingedrungen war).

Der Jüngling nahm die kleine Statuette aus der gelben Pforte heraus. Sie wirkte ein wenig matt. Da erschien das rote Mädchen aus dem früheren Traum. Sie goß Wasser aus dem geweihten Gefäß, das sie trug, über die Statuette und rieb sie mit dem Bündel Straußenfedern ab, das sie in der anderen Hand trug.
Zu gleicher Zeit hörte Atcheu harmonische Klänge, als sprächen Menschen in indischer Sprache: »dar dar dir dir.« Unsichtbare Musiker spielten melodische Weisen, und die Menschen des Geleitzuges brachten die Opfergaben der kleinen Statuette dar.
Da erwachte sie.
Am zehnten Tag des zehnten Monats gebar Atcheu des Morgens, als der große Stern[179)] am Himmel erschien, ohne jeden Schmerz den Knaben, der Tsong Khapa werden sollte.
Der Kopf des Kindes hatte die Gestalt eines Sonnenschirms, die Stirn war breit, die Augenbrauen flach und glatt, die Nase hoch und gerade,[180)] die Ohrläppchen waren lang und nicht anliegend, die Nägel an Fingern und Füßen waren lang und breit, das Weiß der Augen erschien sehr weiß und die Iris tief schwarz. Die Weiße der Haut erinnerte an die fleckenlosen Wasserlilien.
Niemand unter den in dieser Welt Geborenen war wie er mit Zeichen und Schönheitsmerkmalen so bezaubernd geschmückt. Wenn man ihn betrachtete, entdeckte man so viel wunderbare Vollkommenheiten, daß es unmöglich ist, sie alle zu beschreiben.

In diesem Land (in dem Tsong Khapa geboren wurde) wohnte ein großer Gelehrter mit Namen Chös dje Tondup,[181)] der zahlreiche Sutras und Tantras[182)] studiert hatte und die Frucht des Sadhana (Sühneritus) des Shindje shed[183)] erlangt hatte.

Schon früher hatte dieser den Eltern des Tsong Khapa die Geburt eines edlen Sohnes vorausgesagt.

Am Morgen der Geburt Tsong Khapas schickte er in das Haus seiner Eltern verschiedene Gegenstände guter Vorbedeutung: Pillen aus Amrita,[184)] um das Kind gegen Schmutz zu schützen, Pillen von Jamyang,[185)] um es mit glänzender Intelligenz zu begaben und mit scharfsinnigem Wissen.

Um es gegen die schlechten Einflüsse der Dämonen zu beschützen, schickte er einen Knoten als Talisman.[186)]

Endlich schickte er eine kleine segensreiche Statue des Jigdje, damit die Lehre sich ohne Hindernisse verbreite.

Zu gleicher Zeit richtete er einen Brief an die Eltern des Kindes, in dem er ihnen empfahl, es in Reinheit zu bewahren.

Alle diese Gegenstände wurden von einem Schüler des Chös dje Tondup hingebracht, der ein sehr reiner und frommer Mensch war. Chös dje hatte alles hellsichtig vorausgeschaut.

Die Pillen wurden in Milch aufgelöst und dem Kind zum Trinken gegeben. Der Knoten-Talisman wurde ihm um den Hals gelegt. Man stellte die kleine Statue vor ihm auf und verehrte sie mit Opfergaben.

Ein wenig später fragte der Vater des Kindes Chös dje:

»Warum habt ihr die verschiedenen Dinge gesandt?«

Der Lama antwortete:

»Dordji Jigdje[187)] ist mir oftmals im Traum erschienen, und ich bat ihn, mir sein Antlitz in Wirklichkeit zu zeigen. Als Antwort deutete er auf den Zwiebelfluß und sprach: Im nächsten Jahr zur gleichen Zeit wird es (das Antlitz) sichtbar sein. Bis zu diesem Augenblick lebe in Frieden.

Ich habe in tiefer Meditation[188)] über den Sinn dieser Worte nachgedacht und erkannt, daß sie euren Sohn betreffen. Bald

wird am Ort seiner Geburt ein einzigartiger Baum aufsprießen. In Zukunft wird er zum Wohl einer großen Zahl dienen.«
Der Lama sagte auch noch andere Dinge über das Kind voraus.
Bald darauf verließ Tsong Khapas Vater seine Nachbarn und ging an einen anderen Ort.
An dem Fleck, an dem Blut auf die Erde gefallen war,[189] als man die Nabelschnur des Neugeborenen durchschnitt, wuchs ein weißer Sandelholzbaum. Auf einigen seiner Blätter sah man das Bild von Gyalwa Senge Naro, auf anderen das Bild von Jampayang, Jigdje, dem Beschützer mit den sechs Armen und von noch vielen anderen. Auf der Rinde des Baumes schrieben sich Mantrams des Arabatzana[190] und viele andere Formeln von allein ein.
Die Menschen der Umgebung, die solche Zeichen sahen, wurden von großem Glauben erfüllt. Sie umschritten den Baum voller Ehrfurcht als Zeichen der Verehrung.[191] Da sahen sie eine Mönchsgestalt (Tulpa)[192] von rot-gelber Farbe sich dem Baum nahen. Nachdem der Mönch ihm Opfergaben dargebracht hatte, setzte er sich bei ihm nieder.
Als Tsong Khapa in der Provinz U studierte, dachte seine Mutter: ich werde alt und möchte meinen Sohn noch einmal sehen. Sie schrieb ihm einen Brief, um ihn zu bitten, daß er zu ihr käme und legte eine Locke ihrer weißen Haare bei.
Als Antwort schickte ihr Tsong Khapa sein Bild, das er selbst gezeichnet hatte mit dem Blut aus seiner Nase. Er schickte auch ein Bild von Gyalpa Senge und einen Brief, in dem er schrieb:
»An dem Ort, an dem ich geboren bin, ist ein Sandelholzbaum gewachsen, den man als einen Baum des Himmels betrachten muß. Erbaut dort einen Chörten und verschließt darin hundert-

tausend Bilder Naros. Dies ist ein Ausgleich für meinen Besuch und wird der Lehre und dem Wesen unendlich nützlicher sein.«
Sobald der Brief in ihren Händen war, begann das beigefügte Bild »Mutter! Mutter!« zu sprechen.
Die Mutter Tsong Khapas, die bis zu diesem Augenblick sehr unglücklich über die Abwesenheit ihres Sohnes gewesen war, wurde voller Freude, als sie sich auf so wunderbare Weise angesprochen hörte.
Die Familie Tsong Khapas gehorchte seinem Befehl und baute den Chörten. Es war der erste an diesem Ort.
Als die Mutter von Tsong Khapa an ihn schrieb, war er zweiundzwanzig Jahre alt. Der Chörten wurde beendet, als er dreiundzwanzig Jahre alt war. Vor etwas mehr als zweiundzwanzig Jahren war der Sandelholzbaum emporgewachsen. Zwischen dem Erscheinen des Baumes und dem Bau eines kleinen Gebäudes an diesem Ort vergingen etwa hundertundachtzig Jahre. Denn zweihundertundvierundzwanzig Jahre nach der Geburt des Tsong Khapa erbaute ein Gelong[193)] mit Namen Rintcheen tsöndu gyatso (Rintchen btson ghrus mrgya tso) von einigen zehn Trapas[194)] begleitet, eine Einsiedelei an diesem Ort. Etwa achtzehn Jahre später errichtete Rintchen tsöndup gyatso noch einen Tempel, in den man eine Statue des Gyalwa Tchampa (Ryalwa Byamspa[195)] stellte. In das Innere dieser Statue legte man die Reliquien Buddhas in Eigröße, Knochen von Atisha[196)] und Haare von Saripoutra.[197)] Große Segnungen waren mit diesen Reliquien verbunden. Man legte auch in die Statue den Schädel des Lubum Ge (Klu hbum dge), des Vaters von Tsong Khapa. Dieser Schädel hatte Vorsprünge, die an die Statuetten des Jampayang erinnerten. Das Kloster, das später an diesem

Ort erbaut wurde, hieß Kum Bum (hunderttausend Bilder) nach den Bildern, die auf wunderbare Weise auf die Blätter des Sandelholzbaumes eingezeichnet wurden.[198)]

Nach dieser langen Ausschweifung über das Kloster von Kum Bum kehrt die Biographie wieder zu Tsong Khapa zurück.

Der junge Tsong Khapa weinte nicht und zeigte keinen Zorn. Er hatte keine Fehler, wie die gewöhnlichen Kinder und war vollkommen sauber.
Als er älter wurde, spielte er nicht mit gleichaltrigen Kindern. Er beging keine unrechte Handlung und war höflich gegen jeden, mit dem er in Beziehung trat. Nichts beunruhigte ihn, und es war angenehm, sich in seiner Nähe aufzuhalten.
Er war voll Barmherzigkeit und tröstete die Bedrückten. Niemals sprach er ein unwahres Wort. Immer größer wurde seine Klugheit. Er vertraute mit großer Überzeugung dem Triratna[199)] und bemühte sich mit Ausdauer und Freude, die Lehre zu erlernen. So beschritt er unmittelbar die großen Wege des wohltätigen segensreichen Wirkens der Bodhisattvas. Ebenso wie Kinder nicht nötig haben, Milchtrinken zu erlernen, fielen ihm alle diese Dinge auf natürlichste Weise zu.
Als das Kind zwei Jahre alt war, feierte Chös dje Töndup Rimpotche[200)] verschiedene Riten, um sich das Wohlwollen von Jampayang, Yangs tcheen ma[201)] und anderer Götter geneigt zu machen, damit sie die Klugheit Tsong Khapas verstärkten.
Tsong Khapa war drei Jahre alt, als der Mongolenkönig Thogar Themur Karma Rolpai Dordji einlud, ihn zu besuchen.
Als dieser auf seinem Weg an der Gegend vorbeikam, in der das Kind wohnte, gab er ihm die Weihe des Novizen und nannte

es Kun gah nying. Zu gleicher Zeit prophezeite er, daß dieses Kind ein zweiter Buddha würde, wenn es in der Provinz U studiere.

Im gleichen Jahr luden Tsong Khapas Eltern Chös dje zu sich ein. Dieser brachte ihnen Vieh, Stoffrollen aus Seide[202] und verschiedene andere Dinge mit der Bitte, sie Tsong Khapa zu geben. Sie hatten großes Vertrauen zu Chös dje und taten voller Freude, wie er geheißen.

Als Tsong Khapa vier Jahre alt war, ging er zu seinem Meister (Chös dje) und wohnte für immer bei ihm. Es gab zahlreiche Bücher in dem Kloster von Chös dje, die der Knabe nur kurz betrachtete, um sofort den Text zu kennen, trotzdem er nicht lesen konnte. Das gleiche galt für die beiden Arten von Handschriften: zab yig und shar yig.[203] Das Kind konnte sie unmittelbar schreiben.

Nun berichtet die Biographie in breitem Umfang über die Einweihungen in die verschiedenen Riten der Gottheiten, die Chös dje dem jungen Tsong Khapa gab. Dieser wurde auch in die Regeln eingeführt, die die Frommen beobachteten, und er legte die vorbereitenden Gelübde des Novizen ab. Die erste Weihe war zweifellos rein symbolisch gewesen, da das Kind noch zu jung war, um eine aktive Rolle dabei spielen zu können. Vorschriften und Gelübde achtete er »mit gleicher Sorgfalt wie seine Augen«. Er lernte auch eine große Anzahl von liturgischen Sprüchen, die sich auf die verschiedenen Riten bezogen.

Sobald er die magischen Formeln (Mantrams) der Gottheiten wiederholte, erschienen ihm diese im Traum. Auch erblickte er jede Nacht Atisha, der ihn segnete. Später erschienen ihm diese Wesen auch im Wachzustand.[204]

Als er in späteren Jahren nach Lhasa kam und dort die Bilder der verschiedenen Gottheiten und das Bild Atishas sah, erkannte er in ihnen die geheimnisvollen Besucher, die sich ihm in seiner Kindheit gezeigt hatten.
Mit sieben Jahren wurde er zum Getsul [205)] *(dge tsul) geweiht und empfing den Mönchsnamen Lobzang Tagspa (Blo bzang grags pa).*

Der Text fährt fort:

Tsong Khapa hatte sich eine Hütte aus Bambusmatten erbaut, in die er sich oftmals für einige Zeit zurückzog, um seiner Schutzgottheit Sühneopfer darzubringen und sein Mantram zu wiederholen.[206)]
Als er später das Kloster verließ, um in Tibet zu studieren,[207)] trat sein Meister Chös dje tondup aus seiner Behausung, um ihn lange mit seinen Blicken zu verfolgen. Tsong Khapa aber wandte sich nicht um. Da erschien sich Chös dje zu ereifern und rief ihm nach:
»Lobzang Tagspa, schaut sich beim Fortgehen nicht nach mir um und erinnert sich nicht an die Güte, die ich ihm erwies. Er hat seinen Meister vergessen. Man werfe seine Hütte in den Abgrund.«
Nachdem er diesen Befehl gegeben hatte, ging der Meister in sein Haus zurück.
Seine Schüler wollten die Hütte in den Abgrund werfen, aber es gelang ihnen nicht. Im Gegenteil: sie erhob sich und schwebte in der Luft. Durch die Zwischenräume zwischen den Matten strahlte fünffarbiges Licht,[208)] und man sah durch sie hindurch Jampayang in der Hütte sitzen.

Die Mönche, die dieses Wunder schauten, suchten mit langen Stangen die Hütte herabzuholen. Aber sie vermochten es nicht. Als sie Chös dje berichteten, was sich zutrug, wurde dieser noch zorniger und gab keine Antwort. Auf ihr Drängen sprach der Lama: »Ich werde selbst hingehen und die Hütte holen.« Er ging hin und brachte die Hütte mit einem kleinen Stock zurück an ihren Platz.

Dann wandte er sich an seine Schüler und sprach zu ihnen mit froher Stimme: »Was ihr gesehen habt, zeigt, daß mein Lobzang Tagspa das Mantram A ra ba tza na in seiner Hütte gesprochen hat. Wenn er sich nicht nach mir umwandte, so geschah dies nicht, weil er mich vergaß, sondern weil er niemals mehr in seinem Leben hierher zurückkommen wird. Es beweist auch, daß er nicht mehr die Welt beachten, sondern nur noch die Lehre erblicken wird.«

Alle, die Zeuge dieses Wunders waren oder von ihm hörten, nannten die Hütte »Hütte des A ra ba tza na«. Sie erwiesen ihr Verehrung, indem sie sie andächtig umschritten. Mit der Zeit wurde sie zur Segensquelle.

Nach Jahren begann sie morsch zu werden. Zuerst besserte man sie aus und festigte sie mit Mörtel.[209] Dann errichtete man über ihr einen Chörten, der sie umschloß und der heute noch in Tchagkyung[210] zu sehen ist. Manchmal strahlen Regenbogen aus der Hütte, die jeder zu erblicken vermag.

Über die Gründung des Klosters von Tchagkyung, in dem Tsong Khapa seine Jugend verbrachte, wird folgendes aus der Biographie des Meisters Tchös dje tondup berichtet.

Chös dje wurde in Amdo geboren und trat als Kind in den religiösen Orden ein. Er studierte in den Provinzen U und Tsang. Als er in Narthang (Saar thang)[211)] lebte, sagte sein Meister zu ihm: »Geh nach Tchagkyung. Von dort aus wirst du die Lehre verbreiten. Lebe dort und gib dich der Meditation hin. Du wirst sehr viele Schüler haben, unter ihnen einen, der alle überragt. Wenn dieser die religiösen Weihen empfangen hat, sollst du ihn Lobzang Tagspa heißen.«

Chös dje ging nach Amdo zurück und von hier aus suchte er dem Gebot des Meisters folgend, die Gegend auf, die Tchagkyung genannt wird. Während seiner Reise gründete er mehrere Klöster. Eines Tages kam er in ein Dorf, von dem aus der Felsen von Tchagkyung zu sehen war. Hier wohnte eine alte jähzornige Frau. In diesem Augenblick sagte sie zu ihrer Magd:

»Es wird Regen vom Fels Tchagkyung fallen. Sammle sofort die Gerste, die zum Trocknen liegt.«

Chös dje, der ihre Worte hörte, ging zu der alten Frau und fragte sie: »Wo liegt der Fels Tchagkyung?«

Diese zeigte mit dem Finger in der Richtung auf den Felsen und antwortete mit gereizter Stimme: »Dort drüben.«

Diese Frau war eine Verkörperung der Lhamo Do gner (Lhamo Ghro gnier).[212)] Während sie den Finger in der Richtung zum Fels Tchagkyung ausstreckte, beherrschte sie mit dieser Geste die übelwollenden feindlichen Geister, die sich dort befanden.

Um nach Tchagkyung zu gelangen, an den Ort, an dem Chös dje sich niederlassen wollte, mußte man den Matchu (den Lauf des Hohen Gelben Flusses) durchqueren. Zu dieser Zeit war er über die Ufer getreten, und die Schüler, die Chös dje begleiteten, fürchteten sich. Chös dje aber setzte seine magischen Kräfte an, brachte eine Eisdecke hervor, die sich wie ein Teppich ausbreitete,[213] und die ganze Reisetruppe, Chös dje, seine Begleiter, ihre Reittiere und die Tiere, die ihr Gepäck trugen, überquerten den Fluß.[214]

Als sie in der Nähe des Felsens angekommen waren, setzte sich der Lama nieder und begann Stellen aus den Heiligen Schriften aufzusagen. Inzwischen ging ein Maulesel, der einen Band der Schriften trug, um den Fels herum zur entgegengesetzten Seite, dort, wo der Naga[215] Gyal tsug na Rintchen (Rgyal gtsug na Rintchen) wohnte.

Hier befand sich zwischen Gras und Sträuchern eine Quelle. Das Maultier trank und legte sich nieder. Die Schüler wollten es wieder aufrichten und zu Chös dje zurückführen, aber es weigerte sich störrisch. Die Schüler berichteten dies dem Lama. Dieser antwortete: »Wir haben uns geirrt, als wir uns hier niederließen. Das Kloster sollte dort erbaut werden, wo das Maultier sich niedergelegt hat.«

Da gingen alle zu der Quelle.

Später wurde an dem Ort, an dem das grüne Gras sproß, ein Tempel errichtet. Im Lauf der Jahre kamen noch viele andere Gebäude hinzu, die das Kloster Tchagkyung bildeten.

Von dem Augenblick an, als Tsong Khapa Tchagkyung und seinen Meister verließ, um sich in Zentraltibet an der Seite der für ihre Gelehrtheit berühmtesten Lamas den Studien hinzugeben, wurde sein Leben – nach Angabe der Biographen – von außergewöhnlichsten Ereignissen durchzogen: von Wundern, nach Art jener, die alle religiösen Tibeter umgeben.

Es kann hier nicht die ganze Geschichte von Tsong Khapa berichtet werden, da sie allein mehrere große Bände einnehmen würde. Man wird aber im nachfolgenden einige wunderbare

Tatsachen angeführt finden, die kaum ein Tibeter in Frage zu stellen wagen würde.

Zu dieser Zeit übte sich Tsong Khapa im Auswendiglernen der Sutras.[216)] Eines Tages ging er in den Versammlungsraum, in dem mang dja[217)] den Mönchen des Klosters gereicht wurde. Diese waren in der Halle versammelt und rezitierten eine Abhandlung, die »Herz des Prajnaparamita[218)] hieß und zu dieser Jahreszeit gelesen wurde.
Mit ihnen zusammen sprach Tsong Khapa mit lauter Stimme: »Es gibt weder Form noch Empfindung ...« [219)]
Und er dachte nach über Erklärungen wie diese:
»Alle Dinge (Elemente), die in der Welt der Erscheinungen bestehen, haben keinen eigenen Bestand.«
»Die Wirklichkeit ist nicht zu erfassen.«
Tsong Khapa war so vollkommen in seine Meditation versunken, daß die Tätigkeit seiner Sinne: Sicht, Gehör usw., langsam abnahmen und sein Geist allein auf die unbefleckte Leere gerichtet blieb, in der nichts Faßbares besteht.
Inzwischen hatten die Mönche das Aufsagen der Mantrams beendet. Sie schlugen in die Hände, um die Dämonen zu vertreiben und verrichteten andere rituelle Gesten. Dann kneteten sie die gebutterten Tsampa[220)]-Kügelchen, die sie zum Tee aßen und verließen die Halle. Immer noch war Tsong Khapa in seine Meditationen versunken und nichts um sich wahrnehmend blieb er allein in der Halle zurück.
Der Exerzitien-Meister[221)] rief ihn an:
»Alle Mönche dieser großen Versammlung sind hinausgegangen. Warum bleibst du noch hier?«
Bei diesen Worten zog er ihn an den Kleidern, so daß sein Körper

sich zur Seite neigte. Der Pfeiler, gegen den Tsong Khapa lehnte, folgte seiner Körperbewegung und bog sich mit hörbarem Laut. Der Exerzitien-Meister erschrak sehr: »Ich habe gehandelt ohne zu wissen und zu verstehen. Dafür muß ich um Entschuldigung bitten.« Und er verneigte sich vor Tsong Khapa.
Dieses Wunder geschah im Kloster Kyormo long (Skyormo long). Alle Mönche hörten davon und dachten bei sich: Lobzang Tagspa muß wahrhaft ein großer Dubtob sein.
Der Pfeiler wurde »Pfeiler der Meditation« genannt.

Manchesmal brachte Tsong Khapa Ehrfurchtsriten der Göttin Yang tchenma[222)] dar. Bei einem dieser Riten brachte er die Lobgesänge in dichterischer Form zum Ausdruck.

Aum
Möge das Glück herrschen.[223)]
O du, Girlande weißer Blitze, die du die Wolken vertreibst,
Schmuck des Himmels, du, die mein Herz bezaubert,
Lächelnde Jungfrau der Tizas (driza)[224)],
Komm in Liebe zu mir.

Deren Antlitz der Lotusblüte gleicht,
Mit den zauberkundigen Augen,
Und dem strahlenden Haargeschmeide,
Yangtchenma, die fröhlich tanzende,
Schenk mir die Gabe der Rede.

Die du den Geist bezauberst, daß man nie müde wird zu betrachten
Dich, du einzig Zärtliche,

Laß meine Redekraft der deinen gleichen.
Deine melodische Stimme übersteigt in ihrer Süße selbst die Stimme Brahmas,
Deine Pracht übersteigt selbst die Herrlichkeit des fruchtbaren Herbstes.[225)]
Weiter bist du und tiefer als das unmeßbare und unergründliche Meer.

Ich neige mich tief
Vor deiner Gestalt, deinem Wort, deinem Geist.

Mit solchen Worten flehte Tsong Khapa zur Göttin.
Wer diese Anbetung wiederholt, wird mit glänzender Weisheit begabt.
Weiter beschreibt die Biographie sehr ausführlich die verschiedenen mehr oder weniger wunderbaren Ereignisse im Leben des Helden.

Im Herbst des Jahres des Schweins, da Tsong Khapa fast alles beendet hatte, was er sich vorgenommen, machte er sich auf den Weg zu dem »Jenseits der Leiden«.[226)] Er war nicht krank, nur seine Füße schmerzten ein wenig.
Einige rieten ihm, er solle in den heißen Quellen des Teu lungs (stod lungs)[227)] baden, weil dies gut sei für seine Gesundheit. Er hörte auf sie und ging zu den Quellen, um sich zu heilen. Da sein Weg durch Lhasa führte, wollte er der Statue des Djowo[228)] seine Ehrfurcht bezeugen und die Gnade erlangen, nach seinem Tode nicht mehr wiedergeboren zu werden.
Er dachte auch: eine große Menge hat sich schon durch meine Lehren bekehren lassen. Nun will ich meine letzten Reden hal-

ten. So verließ er Rowo Geden (das Kloster Dge Lden)[229] und machte sich auf den Weg nach Lhasa. Hier opferte er Djowo und brachte zahlreiche Wünsche dar (um nicht mehr wiedergeboren zu werden). Dann ging er zu den Quellen. Das heiße Wasser aber brachte ihm keine Heilung.
Er predigte den zahlreichen Einwohnern von Teu lungs und segnete sie.
Alle erwiesen ihm tiefste Verehrung, und er nahm die zahllosen Geschenke an, die sie ihm darbrachten.
Jedem schenkte er seine Hilfe. Wer ihm zuhörte oder auch nur sein Antlitz schaute, wurde gesegnet.
In einer Vision erblickte er, wie der Schutzgott des Sang Dus[230] in das Kloster bei den Quellen einging und sich dort auflöste. So prophezeite er, daß ein der Tantrik-Lehre (Rgyud) geweihtes Kloster an diesem Ort entstehen würde.

Während er in einem Doli[231] nach Depung zurückkehrte, setzten sich fünf Lichtstrahlen verschiedenster Farben auf die Spitze des Gefährtes. Kurze Zeit später kamen während einer Predigt, die er in Depung hielt, aus der Himmelstiefe fünf Regenbogen in Gestalt von Pfeilern herab. Alle Anwesenden sahen dieses Wunder.
Noch ein anderes Mal, als Tsong Khapa bei einer Zeremonie der Rabnes,[232] der Götterstatuen, den Vorsitz führte, erzitterte die Erde in der Halle der Tantrik Schule. Furchterregende Töne erklangen und die Gottheiten erschienen. Tsong Khapa vertraute ihnen den Schutz des Klosters an.
Zu dieser Zeit unterstützte schon eine große Anzahl treuer Laien mit ihren Geschenken das Kloster. Tsong Khapa gab ihnen Aufschluß über sein großes Werk, den Lamrim.

Er erklärte ihnen auch die »Sechs Lehren des Naropa«,[233] die Anfangsgründe der Ouma Philosophie[234] und verschiedene tantrische Lehren. Bisher hatte er nicht seine gesamte Lehre ausgeführt, da er sie für das Verständnis der Allgemeinheit zu abwegig hielt. Nun aber erklärte er sie jedem, der ihn darum bat.

Er befahl auch, daß mehreren Göttern Statuen errichtet wurden.

Eines Tages, nachdem er schweigend den Blick auf die Seite von Gahden gerichtet hielt, begann er ununterbrochen über die Tantras zu sprechen, was er bisher nie getan hatte. Als er beim neunten Buch angelangt war, hielt er plötzlich an und sprach: »In Kürze werde ich nach Gahden zurückkehren.«

Sein Wohltäter und viele andere baten ihn, noch einen Monat oder auch nur einen halben bei ihnen zu bleiben, um in seinen Erklärungen weiter fortzufahren, aber er hörte nicht auf sie und reiste nach Lhasa.

Hier ging er noch einmal zum Djowo, warf sich vor ihm nieder, brachte ihm Opfergaben dar und bat ihn, daß die Lehre Buddhas lange Zeit bestehen bleiben und sich weithin fortpflanzen möge. Hierauf nahm er eine Einladung des Chös dje Yeshes an. Schon zuvor hatte dieser Anweisungen von Tsong Khapa erhalten, die er in seinem Geiste zu bewahren und zu erfüllen suchte.

Tsong Khapa hatte ihm mitgeteilt, daß die Lehre im »Land des Schnees« blühen, zahlreiche Prediger und eine große Menge Zuhörer finden würde.

Während langer Zeit war diese Lehre vernachlässigt worden, aber die vollendeten Reden von Tsong Khapa wurden nunmehr getrunken wie Nektar der Unsterblichkeit und befriedigten auf

vollkommene Weise die klugen Männer, die sich von ihr in großen Mengen angezogen fühlten.
»Es wäre ausgezeichnet für die Lehre des Tantrik und den Segen ihrer Zuhörer«, erklärte Tsong Khapa, »wenn wir hier ein neues Kloster (gompa) errichten würden.«
Am gleichen Tag noch verpflichtete sich Chös Dje in Sera chös,[235)] die Kosten des Baues zu tragen.
Während Tsong Khapa Anweisungen gab über den Plan des Baus und die Art der Lehre, die hier gelehrt werden sollte, erschien er in einer gigantischen Gestalt, einem Goldberg gleich, unter der Menge seiner Schüler, die einem Meer glich. In Händen hielt er zusammengebunden die vier Bände der Kommentare[236)] und fragte: »Wer vermag die reine Geheimlehre des Dordji Chang[237)] auf die Weise, wie ich es selbst tat, zu verstehen, zu predigen und zu verbreiten?«
Dreimal wiederholte er seine Frage.
Die ersten beiden Male wagte niemand zu antworten. Beim dritten Mal erhob sich Kedub Senge,[238)] warf sich dreimal vor Tsong Khapa nieder und sprach zu ihm mit einer löwengleich dröhnenden Stimme:
»Ihr, die ihr Dordji Chang in Person seid, ich bewahre euer Gebot im Herzen. Was auch immer ihr befehlen werdet, ich halte mich für fähig, es zu vollbringen.«
Einige der Zuhörer hielten diese Zusicherung für übertrieben, Tsong Khapa aber war außerordentlich befriedigt.
Er segnete ihn und gab ihm eine Schädelschale mit nangt-cheud (nang mtchhod),[239)] eine Statuette des Vajrapani als Glücksbringer, das Bündel der vier Kommentarbände, die er in Händen gehalten hatte, die Maske, die in Mysterienspielen den Schauspieler verdeckt, der den König des Gesetzes darstellt, ein Tanz-

kleid (das man zum religiösen Tanz anzieht), einen Stab und Lasso (die die Tänzer in diesen Spielen tragen). Endlich machte er ihn zum Haupt der höheren Geheimlehre.[240)]

So begannen die Vorlesungen über die Wissenschaft des Tantrismus.[241)]

Hierauf feierte Tsong Khapa verschiedene Riten zum Erfolg für die Tantrik-Schule.

Manchesmal stiegen Zweifel in seinem Schüler Dje sher seng[242)] auf, und er sprach zu Tsong Khapa:

»Niemals könnte ich aus eigener Kraft die Lehre des Dordji Thegpa[243)] verbreiten. Möge mir der Lama seinen großen Segen schenken.«

Eines Tages antwortete ihm Tsong Khapa:

»Sei ohne Furcht. Ich habe Dam tche Chös[244)] die Sorge für den Erfolg der Lehre und den Schutz ihrer Hörer überlassen.

Gehe nun in das Land Tsang, predige dort und suche dir Hörer. In der Nähe liegt ein Berg, dessen Gestalt einer Klingel ähnelt, die auf einem Tisch steht. Unter anderen Menschen, die dort wohnen, lebt ein Yogi, der Shindje (den Gott des Todes) anbetet. Wenn dieser dein Schüler geworden ist, wird sich die Lehre ausbreiten.

Noch etwas weiter entfernt liegt ein Berg, der die Gestalt einer auf dem Rücken liegenden Dämonin[245)] hat. Dieser Berg selbst ist ein weiblicher Geist.[246)] Auch er wird die Lehre verbreiten, Ich prophezeie dir, daß du bis zu dieser Zeit deine Zukunft kennen wirst.«

Unser Text fährt fort, die Reisen zu beschreiben, die Tsong Khapa zur Verbreitung der Lehren in den näher gelegenen Gebieten unternahm. Er ging aus von dem großen Kloster von Serra, in dessen Nähe ein kleineres Kloster lag. Er legte den Plan für das künftige Sera und sagte voraus, daß die Unterweisung, die hier gegeben würde, dem Wohl einer großen Menge dienen würde. Darauf begab er sich an verschiedene andere Orte. Überall wurde er mit großen Ehrbezeugungen und Verehrung aufgenommen. Jedesmal, wenn er eine Gegend verließ, verkündete er, daß er nicht wiederkehren würde. Endlich ging er nach Gahden zurück. Hier nehmen wir den Text wieder auf.

Als Tsong Khapa auf seiner Reise eines Abends in Duji (Gdu bshi) ankam, erscholl lauter Glockenklang. Die Menschen fragten sich, wie dies geschehen könne und sprachen untereinander: nicht menschliche Wesen können diese Glocken[247)] schlagen. Noch lange wurden ihre Klänge gehört.
Als er nach Depung[248)] kam, zitterte die Erde gewaltig und bei seinem Fortgang schossen glänzende Regenbogen aus der Tiefe des Himmels gleich Götterboten herab und legten sich über Gahden.[249)]
Gleich nach seiner Ankunft in Gahden begab sich Tsong Khapa in den Tempel des Yangs pa tcheen[250)] Hier wiederholte er: »Ich werde nicht wiederkommen.« Er brachte vielfältige Opfergaben dem Buddha, den Yidams und den Gottheiten dar und sprach zahlreiche Gelübde.
Von hier aus ging er in den Versammlungsraum, in dem die Wohltäter zur Mahlzeit geladen hatten. Nach dem Essen sprach Tsong Khapa den üblichen Segen[251)] zum Wohl seiner Gäste. Niemand von ihnen richtete eine neue Einladung an ihn.
Tsong Khapa sprach noch andere Wünsche für das Glück aller Wesen aus.
Den Mönchen, die so zahlreich versammelt waren wie das

Meer, gab er Segenswünsche zu ihrem Glück. Dann blieb er einige Zeit lang unbeweglich in Meditation versunken und zog sich schließlich in sein Zimmer zurück, wo er auf seinem Sitz verharrte.

Zu denen, die ihn umstanden, sprach er: »Nun bin ich wieder in meinem eigenen Kloster und mein Geist ist glücklich.«

Bei der ersten Dämmerung des nächsten Abends täuschte er Müdigkeit vor.

Am darauffolgenden Tag kamen alle Mönche zum Vortrag der Heiligen Schriften, um für seine Gesundheit zu bitten. In der Mitte des Tages klagte er über Schmerzen in den Gliedern. Sonst sprach er nichts.

Die Mönche wiederholten den Kurim[252)] zwei Tage lang.

Schon zuvor hatte Tsong Khapa dem Kah tchu pas[253)] und seinen anderen Schülern alle in der Lehre befohlenen Handlungen erklärt, so daß er sie nur kurz daran erinnern mußte.

Seine Schüler fragten ihn ehrfurchtsvoll, ob er ihnen nicht noch letzte Anweisungen geben wolle.

Als Antwort nahm Tsong Khapa die flache Mütze des Pandits ab, die er trug und legte sie auf die Knie des Gyaltsab Dje. Er gab ihm auch einen festlichen Mantel und segnete ihn. Dadurch gab er zu erkennten, daß er Gyaltsab Dje zum Herrn der Lehre und zu seinem Nachfolger berief.

Dann ließ er einen wohlwollenden Blick über die Mönche gleiten und sprach zu ihnen: »Meditiert ohne Unterlaß über den Geist des Bodhi.[254)] Mögen alle, die in Zukunft gewünscht hätten, meine Schüler zu sein und sich grämen, daß sie mir nicht begegneten, die beiden Bücher lesen, die ich geschrieben habe: Lam rim und Ngags rim.[255)] Es macht keinen Unterschied, ob sie mir begegneten oder nicht. Das Wesen selbst der vierundachtzigtausend Werke,[256)] die die Heiligen Schriften ausmachen, ist in diesen zwei Büchern enthalten. Man wäre nicht gesegneter, hätte man mich selbst gesehen.« Voller Liebe sprach er diese Worte und fügte hinzu: »Bewahrt wohl im Geist den Sinn meiner Worte.«

»Und noch eins: Selbst wenn ich mich nicht ganz gesund fühlte, habe ich niemals unterlassen, die vier Thun[257)] des Yogis zu beachten. Ich habe niemals den Faden meiner Konzentration unterbrochen.«

Hierauf feierte Tsong Khapa die Opferriten für Demchog[258)] und befahl, daß man ihm eine Schädelschale mit zerlassener Butter bringe. Diese segnete er, als handele es sich um den Nangtcheud-Trank.

Er schien etwa dreißig Mal daran zu nippen, als koste er von dem Trank der Unsterblichkeit.[259)]

Niemand wußte, ob er die dem Demchog dargebrachten Opferungen teilte oder den Met kostete, den Trank der Götter.

Übernatürliche Offenbarungen geschahen und Stimmen wurden vernommen, die außerhalb des Raumes den Text des Dordji Tcheu pa[260)] aufsagten.

Am nächsten Morgen, dem 25. Tag des Monats, nahm Tsong Khapa in aller Frühe mit überkreuzten Beinen die Stellung der Meditation[261)] ein, legte die Hände übereinander und versank in Meditation, in der die Gedanken auf einen einzigen Punkt gerichtet sind.«[262)]

Ein wenig nach Sonnenaufgang erlangte Tsong Khapa, nachdem er nacheinander die drei Welten in seinem Bewußtsein aufgelöst hatte, das Licht der Leere, den Chös Ku der absoluten Wahrheit.[263)]

So ging er in den Bardo[264)] ein, in dem er die zweiunddreißig Zeichen und die achtzehn Merkmale der vollkommenen Schönheit[265)] empfing. Dann nahm er die Täuschung des Todes an.
Die Kahdomas und Pawos trugen in einer unzähligen Schar einen seiner Tulkus in das Paradies des Gahden und geleiteten ihn vor Gyalwa Tchampa, der ihn als Bodhisattva erkannte, als eine Ausstrahlung der Wesenheit des Jampal.
Ein anderer Tulpa offenbarte sich unter unzähligen verschiedenen Gestalten in zahllosen Welten, um den Wesen zu helfen.

Der Autor der Biographie, aus der die im Vorhergehenden übersetzten Stellen ausgezogen sind, erwähnt eine andere Biographie mit Namen: Die große Geschichte (Nam thar tcheen po). Hierin findet man die folgenden Einzelheiten über das Ende des Tsong Khapa.

Ein starker Wind trat aus den Nasenlöchern und ging in ihn ein. Sein Gesicht wurde mager, aber nach dem Tode nahm die Gestalt wieder an Fülle zu. Nun strahlte Licht aus seinem Körper, und er erschien wie ein junger Göttersohn.
Hierauf zog sich die Haut zusammen und sein Körper schrumpfte zur Größe eines Embryos im frühesten Stadium ein. Niemals war Ähnliches gesehen worden.
Die Runzeln, die er bei Lebzeiten hatte, fielen zu einem Strich von Haaresbreite zusammen und löschten vollkommen aus. Er wurde zu einem Lichtstrahl, dessen Helligkeit die Augen nicht ertragen konnten.
Manche sahen dieses Licht in gelblicher Röte, andere als fahles Gelb. Noch anderen erschien es wie feuriges Gold.

Die Schüler verstanden, daß der Beschützer sie verlassen hatte und wurden voller Trauer.
Es gibt keine Worte, um solche Wunder zu beschreiben, dachten sie bei sich. Wir haben wahrhaft den Körper eines Gottes geschaut. Dieser Gedanke gab ihnen Trost.
Niemals berichtet die Geschichte, daß sich ein Mensch in einen jungen Gott verwandelte. Nur einmal heißt es, daß ein indischer Pandit mit Namen Gahayadara, der in Kharog[266)] starb (hinüberging), sich so verkleinerte, daß er die Gestalt eines kleinen Jungen annahm, und daß zugleich seine Haut frisch und rosig wurde wie die eines Kindes. Niemals aber hatte man gehört, daß solches einem tibetischen Lama geschah.

Anrufung des Bodhisattva Manjuçri

Wie viele andere Völker sind die Tibeter geneigt, ihre Studien unter den Schutz einer mystischen Persönlichkeit zu stellen, die besonderes Interesse für die Gelehrten zu bezeugen scheint. In Indien rufen die Schüler und Gelehrten Saruswati, die Göttin der Weisheit an, die Herrin der Schriften. Die Abendländer bitten um die segensreiche Hilfe des Heiligen Geistes. Die Tibeter wenden sich an Manjuçri, den sie in ihrer Sprache Diampeyang[267] *nennen, wenn sie auch bei rituellem Anruf häufig seinen ursprünglichen indischen Namen beibehalten.*

Wer ist dieser Manjuçri, der große Beschützer der Gelehrten des Hohen Landes des Schnees? Er ist eine vielfältige Persönlichkeit und, wie man mit einigem Recht annehmen sollte, nicht nur mythische Gestalt, wenn auch seine mythischen Aspekte die geschichtlichen Erscheinungen übertreffen.

Manjuçri, an den sich die folgende Anrufung richtet, ist ein buddhistischer Bodhisattva des Mahayana-Pantheon. Auf Statuen oder Bildern nimmt er einen großen Raum in den buddhistischen Tempeln von China, Tibet und Japan ein. Er wird auf einem weißen Löwen dargestellt. In einer Hand schwingt er einen Säbel, in der anderen hält er ein Buch. Der Säbel soll, wie es heißt, die Wissenschaft darstellen. Sie durchschneidet die Wolken der Unwissenheit, die die Erkenntnis verdecken. Das Buch ist Prajnaparamita, das große Werk des

Nagarjuna, von dem es heißt, daß es die höchsten philosophischen Lehren darstellt.
Ein anderer Manjuçri wird als einfacher Mönchs-Schüler (bhikku) Buddhas dargestellt.
Noch ein anderer soll chinesischer General gewesen sein, der Nepal besiegte und in dem Zentraltal des Landes eine chinesische Kolonie gründete, nachdem er Wasser aus einem Teich hervorgerufen hatte, der das Tal bedeckte. Entfernt man die wunderbaren Taten, die ihm zugeschrieben werden, so steht nichts im Wege, in ihm einen wirklich geschichtlichen Eroberer zu sehen.
In Wutai shan in China verehren die Pilger Manjuçri, aber scheinbar unlogischerweise nicht den mehr oder weniger geschichtlichen Helden, sondern den mythischen Herrn der Wissenschaft und Weisheit, dessen Riesenstatue auf einem Löwen reitend auf dem Altar des Haupttempels von Pu-sa-ting thront.
Während meines Aufenthalts in Wutai shan habe ich beim Durchblättern der Klosterbibliotheken Chroniken gefunden, die die Geschichte einem Manjuçris berichten, der vollkommen anders als die vorher genannten, von unzweifelhaft taoistischem Ursprung, im allgemeinen den Buddhisten nicht bekannt ist.
Es ist aber hier nicht der Ort,[268)] sich mit ihm zu beschäftigen, da sich die folgende Anrufung an den Bodhisattva richtet.

Anrufung

Ehrerbietung dem Großen Herrn und Meister Manjuçri,

Dessen Weisheit frei von aller geistigen Verdunkelung so herrlich strahlt wie die Sonne ohne Wolken.

Der in seiner an das Herz gelegten Hand einen Band der Heiligen Schriften hält und mit dieser Geste seine vollkommene Kenntnis aller Wahrheiten offenbart.

Der mit väterlicher Zärtlichkeit jene betrachtet, die im dichten Dunkel der Unwissenheit, gequält von dem Elend, das durch sie entsteht, die Welt im Ungewissen durchwandern.

Der sie ruft mit sanfter Stimme, begabt mit den sechzig vollkommenen Vokalen.

Der tiefergreifende Widerhall dieser Stimme, der dem Klang des Donners gleicht, erweckt die in dem schweren Schlaf der Unwissenheit Versunkenen und befreit sie von den Banden, die ihre vergangenen Handlungen wirkten.

Er trägt das Schwert (der Weisheit), das die schlechten Gräser des Elends schneidet; sein Licht vertreibt die Dunkelheit der Unwissenheit.

Du seit Ewigkeiten Reiner, begabt mit den Mächten derer, die jenseits der zehn Grade der Vollendung geschritten sind; o du, Herr der königlichen Eroberer, der die Dunkelheit meines Herzens zerstreut,

Ich neige mich demütig vor dir.

Aum A-ra-ba-tsi-na-di-ye.

Möge die Herrlichkeit deiner Weisheit, o du Wohlwollender,
Die Trägheit und das Dunkel meines Herzens vertreiben.
Schenke mir gnädig die Gaben des Mutes und der Klugheit,
Daß ich ohne Fehler die Heiligen Schriften verstehe.

Bittgesang des Kuntu Zangpo

Kuntu Zangpo (Sanskrit: Samanta bhadra) ist eine Personifikation der allumfassenden Güte. Im mystischen Pantheon des Mahayana-Buddhismus nimmt er den Rang des ersten Dhyani Bodhisattvas[269] ein, da er als Widerspiegel oder als Ausstrahlung des Dhyani Buddhas Nam par nam dze (rnam par snang mdsad) angesehen wird. In Sanskrit Vairochana, »der Erleuchtende« genannt.

Wörtlich bedeutet Dhyani Buddha »Buddha der Meditation«. Die Dhyani Buddhas personifizieren die übersinnliche Weisheitserkenntnis. Unter ihrem mythischen Aspekt sollen sie gestaltlos in der Sphäre »ohne Form«: zu me pai khams (gzugs med pai khams), im Sanskrit arupa dhatu oder arupa loka, wohnen.

Man unterscheidet fünf oberste Dhyani Buddhas. Jeder von diesen ist Herr eines Bodhisattvas und eines menschlichen Buddhas, die in der Sphäre der reinen Form: Zu kyi khams (gzugs kyi khams), auf Sanskrit: rupa dhatu oder rupa loka, und in unserer Welt der Sphäre der Begierden: deu pai khams (hdod pai khams), auf Sanskrit: kama dhatu oder kama loka, leben.

Die Reihe Dhyani Buddha – Bodhisattva – Manushi Buddha (menschlicher Buddha) entspricht auch der Trilogie: Dharma Kaya (Körper des Gesetzes), Sambhoga Kaya (Körper der Empfindungen), Nirmana Kaya (Geschaffener Körper), entsprechend im Tibetischen: Tcheu ku (tchos sku) – Longs ku (longs sku) und Tulku (sprul sku), den drei Seinsarten ein und derselben Persönlichkeit.

Wünsche des Kuntu Zangpo zugunsten der unzähligen Machtlosen, die in der Welt der Wiedergeburt herumirren

Vernehmt!
Alle Erscheinungen:
Die Welt der Wanderschaft und jene, die sie überschreitet,
Gemeinsam ist ihr Ursprung, zwei der Wege doch und Ziele:
Des Wissens und Nichtwissens trugvoll Spiel.[270)]
Die Kraft der guten Wünsche Kuntu Zangpo's
Mag allen Wesen Buddha-Sein verleihen,
Im Reich des Sinnes aller Dinge.
Einheit ist der Welten-Ursprung,[271)]
Selbstgeschaffen, jenseits dessen, was der Geist
Erkennt, das Wort zum Ausdruck bringen kann.
Er ist nicht zu benennen, nicht Samsara,
Auch jenseits von Samsara nicht.[272)]
Dies beides zu verstehen, hieße Buddha sein.
Die Wesen, die es nicht verstehen, irren in Samsara.
Oh, daß durch meiner guten Wünsche Kraft
Die Wesen der drei Welten
Den Ort des Ursprungs, den unaussprechlichen, begreifen.

Ich, Kuntu Zangpo, wissend, aus mir selber, diesen Ursprung,
Der keine erste, keine zweite Ursache besitzt,
Beflecke ihn nicht innen und nicht außen.[273)]
Des Bewußten Dunkel kann ihn nicht beschatten,

Das falsche Denken nicht das »Ich« umfassen.
Für alle, die im Wissen ruhen
Ihrer wahren Wesenheit,
Besteht kein Gegenstand der Furcht.
Wenn die drei Welten auch vergehen,
Ihr Wissen ist nicht an der Sinne Gegenstand gebunden,
Denn frei von allem Denken und Zergliedern[274)]
Entstand es aus sich selbst.
Kein Inhalt ist in dieser Form,[275)]
Auch nicht der Gifte fünf [276)] enthalten.
Aus der Erkenntnis Klarheit, die nichts überschattet,
Entspringen die fünf Weisheiten,[277)] im Wesen eins
Aus ihnen, die zur Reife sich entfalten.
Der fünf Ur-Buddha Reihen steigen auf.[278)]
Sind diese zu der Weisheit Reife vorgedrungen,
Entfalten vierzig Buddhas sich aus ihnen.
Hat der fünffachen Weisheit Macht sich offenbart,
Entstehen sechzig Gottheiten, vom Blut sich nährend.

Weil ohne Irrtum ich
Das Wesen dieses Ursprunges verstanden,
Empfingen der drei Welten Wesen Macht
Im Wissen um die selbstgeborene Erkenntnis,
Zuletzt der großen Weisheit Fülle zu empfangen.

Die Linie meiner trügerischen Wesen[279)] wird nicht unterbrochen,
In unbegreiflichen Millionen werden sie erscheinen,
Vielfältig in Gestalt und Zahl.
Um jede Art von Wesen zu verwandeln,

Sind zahlreich und verschieden die Methoden, die sie brauchen.
Oh, daß durch meiner Güte Macht
Die Wesen der drei Welten
Von den sechs Weisen ihres Daseins sich befreien.

Seit Anfang aller Zeiten irrten alle Wesen,
Weil sie den Ursprungsort nicht kannten,[280)]
Beherrscht vom Dunkel nicht bewußten Seins,[281)]
Der Ursache des Irrtums, der Unwissenheit.
Versunken im Nicht-Wissen, in der Täuschung Schatten
War Beute der Verwirrung und der Furcht ihr Geist.
Daraus entsprangen die Gedanken eines »Ich« und »Du« und Haß.
Als diese wuchsen, nahm der Kreislauf seine Runde auf.[282)]
Die Leidenschaften der fünf Gifte, die verblenden,
Ein Kreislauf ohne Ende böser Wirkung folgte.
So war des Irrtums Quelle aller Wesen
Das Unbewußte, die Unwissenheit.
Oh, mögen alle durch die Kraft der guten Wünsche
Erleuchtetes Erkennen finden.

Unwissenheit, mit uns geboren, als des Unbewußten Abgrund,
Unwissenheit, die alle Dinge als
Ein »Ich« und »Du« betrachtet:
Dies beides sind die Ursache, der Grund
Der Täuschung, die der Wesen sich bemächtigt.
Oh, möge durch die Kraft der guten Wünsche, die ich hege,
Die Wesen alle zur Erleuchtung finden,

Des Unbewußten Dunkel überschreiten
Und von dem Irrtum aller Zweiheit frei
Das wahre Wesen ihres Geistes kennen.

Der Geist, der diese Zweiheit aufnimmt, lebt
Im Zustande des Zögerns und des Zweifelns.
So wacht ganz langsam ein Gefühl der Bindung auf,
Wächst fort und fort und wird zur Leidenschaft.

Die Nahrung, Kleider, Wohnung, Reichtum, Freunde,
Fünf Gegenstände des Vergnügens,
Die Liebenden, die Gatten, Gattinnen, so sehr begehrt,
Des Lebens größte Täuschung sind.
Und niemals endet Tat auf Tat,
Entsprungen der Idee der Zweiheit.
Ergebnis dieser Bindung ist erneut Geborenwerden,
Wie Yidag,[283)] der gequält vom Hunger und vom Durstgespenst.
Oh, möge durch die Kraft der guten Wünsche, die ich hege,
Die Wesen, die der Leidenschaften Beute
Nicht mit Gewalt die Gier verwerfen,
Und nicht mit Trägheit sie empfangen,
Den Geist im Zustand, der ihm angeboren, halten,
Damit der Unterscheidung Weisheit sie empfangen.

Aus dem Gedanken eines Außer-Ich Bereichs
Entsteht allmählich ein Gefühl der Furcht.
Dann wächst es, wird zu feindlichen Gefühlen
Und Selbstsucht und die Angst: man tötet mich, entsteht.

So reift die Frucht des Zorns,
Und Schmerz und Höllenfeuer gehen von ihr aus.

Oh, möge durch die Kraft der guten Wünsche, die ich hege,
Die Wesen der sechs Arten, wenn der Zorn in ihnen
wächst,
Ihn nicht verwerfen und auch nicht empfangen.[284)]
Und wenn der Geist im Zustand, der ihm angeboren, bleibt,
Erlangen sie die Weisheit, die erleuchtet.

Aus Eigenstolz erwächst Verachtung für den andern.
Aus wildem Stolz erheben
Zank und Streit sich.
Sind ihre Früchte reif, entsteht das Elend
Der Götterwelt.[285)]

Oh, möge durch die Kraft der guten Wünsche, die ich hege,
Die Wesen, die des Stolzes Beute sind,
Gewahr ihn werden und den Geist von ihm befreien.
Entschwindet dies Gefühl, wenn nicht beachtet,
Verstehen sie, daß alles gleich.

Bestreben an der Zweiheit festzuhalten
Gebiert das Eigenlob, Verachtung für den andern,
Zwei Handlungen, die Leiden schaffen.
Erhebt der Wunsch sich, andere im Wettstreit zu besiegen,
Wird man im Land der Lhamayin[286)] geboren,
Die unaufhörlich gegenseitig sich verwunden und sich töten,
Und das Ergebnis ist ihr Höllensturz.

Oh, möge durch die Kraft der guten Wünsche, die ich hege,
Die Wesen, die der Feindschaft Beute sind,
Nicht dem Gefühl der Feindschaft mehr Beachtung schenken,
Der Geist, des eigenen Wesens sich bewußt,
Empfängt der Werke Weisheit.

Die Schläfrigkeit, der Achtsamkeit und Denken fehlt,
Gedächtnislosigkeit und Stumpfheit aller Art,
Sie lassen irren dich im Reich der Tiere;
Oh, möge durch die Kraft der guten Wünsche, die ich hege,
Da sich der Stumpfheit Dunkel lichtet,
Erhellt vom Licht, das Schrecknisse vertreibt,
Die Wesen zu der ungehemmten Freiheit finden.

Die Wesen der drei Welten alle,
Den gleichen Ursprung, Buddhas Wesen haben sie wie ich.
Da sie im Blendwerk sich des unbewußten Seins bewegen,
Sinnlosem Handeln liefern sie sich aus,
Den Täuschungen der sechs aus Traum geborenen Werke.

Der alte Buddha, ich,
Ich wünsche, daß die trügerischen Wesen der Sechs Welten,
Und keines ausgenommen, sich bekehrend,
Den Buddha-Zustand geistiger Erleuchtung finden
In dem Bereich der Welten-Wesenheit.

Gesang aus dem Lande Lob

Das Gebiet, das mit Lob bezeichnet wird, liegt im Nordosten von Tibet und grenzt an die riesigen einsamen Steppen des Kuku nor, die die chinesische Provinz Ching hai bilden. Eine große Anzahl der Einwohner von Lob sind Hirten, die in Zelten wohnen.
Das folgende Lied soll bei einem Fest gesungen werden, bei dem sich zahlreiche Gäste versammeln.

An friedlichen und glücklichen Tagen, an denen der Körper sich angenehmer Hochstimmung erfreut, kleidet man sich in Gewänder aus Seide.
Das Wort ist voll Frieden, und ein kleines Lied bildet sich auf den Lippen.
Der Geist ist voll Frieden und Klarheit, wie das Strahlenrad der acht Punkte am Himmel.
Mein Lied feiert die Vereinigung von Sonne, Mond und Sternen.
Der edle Lama und sein Schüler gleichen Sonne und Mond, am Himmel vereint.
Die Schüler, um ihn geschart, gleichen den Sternen.
Wenn alle vereint sind, ist es ein herrliches Wunder.
Mein Lied feiert die Vereinigung von Ruhe, Reichtum und den sechs Früchten.
Die erste Erde gleicht dem Lotus mit den acht Blättern. Sie

gleicht der Lehre (Buddhas); sie ist der Ursprung der sechs Früchte des Herbstes.
Die sechs Früchte gleichen einem Hause der Regeln (einem Kloster). Ruhe, Reichtum, Studium, diese vereint, sind ein großes Wunder.

Mein Lied feiert die Vereinigung der friedlichen Gegenden Chinas, der Mongolei und Tibets.
Auf dem Gipfel des Hanges erhebt sich ein Berg, einer weißen Muschel gleich.
Inmitten des Hanges stehen Bäume, die Wünsche erfüllen.
Am Fuß des Hanges fließt der Fluß auf einem goldenen Teppich.
Diese drei sind Grundlage alles Hervorragenden.
Oben auf dem Berg der weißen Muschel ist der Bereich des weißen Löwen des Ostens.
Ich werde die glückliche Vereinigung des Berges, des Löwen und seiner türkisfarbenen Mähne besingen.
Zwischen den Bäumen, die Wünsche erfüllen, und dem Ort, an dem sich der rote Tiger und der Yak vergnügen, will ich die glückliche Vereinigung von Berg, Bäumen und Tiger besingen.
Der Fluß, der auf einem goldenen Teppich fließt, ist der Ort, an dem sich die Goldfische vergnügen.
Ich werde die glückliche Verbindung von Fluß, Gold und Fischen besingen.
Zuerst die Götter, Nagas und Menschen in friedlicher Eintracht,
Zum Zweiten China, Mongolei und Tibet in friedlicher Eintracht,
Zum Dritten die Vereinigung des edlen Lamas, seiner Schüler

und Diener: diese drei beglückenden Dinge will ich feiern mit meinem Lied.
Von der Höhe, der Mitte und Tiefe wird mein fröhliches Lied die glückliche Vereinigung der Götter, Nagas und Menschen besingen. Im Kleinod, der Mitte (wörtlich: Nabel) des glücklichen Tales von Lob steht ein kostbarer Thron, des Löwen Thron.
Auf dem Lotusteppich, der ihn bedeckt, sitzt der Sieger, der die Feinde der drei Welten besiegt.
Wenn der unbewegliche Körper des edlen Lamas wie ein Diamantkörper thront,
Kann es kein Hindernis geben für das Wort des Lamas.
Wenn er wie ein Diamantwort thront,
Ist der Geist des Lamas unerschütterlich einem Diamanten gleich.
Wenn er wie ein Geistdiamant thront,
Werde ich dieses Diamantlied wie ein Fest zu Ehren des großen Glückes darbringen.

Auf der rechten Seite (der Schüler) erhebt sich eine goldene Sonne.
Auf der linken Seite glänzt der Mond wie eine Muschel.
Während der Vordergrund wie die Erleuchtung aller Sterne strahlt.
In der rechten Hand halte ich Pfeil und Spiegel.
Der Pfeil gehört Tsangpa (dem Gott Indra). Seine Spitze ist der Schatz des weißen Tsangpa.
Das andere Ende des Pfeils gehört den Nagas. Es ist der Schatz der Naga Schutzgottheit.
Die Mitte des Pfeils gehört den bösen Geistern.
Es ist der Pfeil der Götter und Geister Tibets.

Er ist eingewickelt in Papier aus gelbem Gold.
Er bereitet das Willkommen (den Empfang) des Lamas und der Götter.
Er ist in ein rotes Gewand gekleidet.
Die Mönche und alle Gäste des Klosters bereiten einen Willkommensempfang.
Es ist das Willkommen der Herren.
Die Spitze des Pfeils ist mit blauer Seide bedeckt.
Sie bereitet den Willkommensempfang für die Männer mit dem mächtigen Wort.

Der Löwe der Schneeberge ist Symbol der Buddhisten.
Die fünf Farben der Seide (die Bänder am Pfeil) sind Symbol der Fünf Weisheiten.
Die vier Federn am Pfeil sind Symbol der vier rituellen Pflichten.
Durch diesen Dadar (geschmückten Pfeil) und Spiegel in meiner Hand bietet die Göttin des Körpers ihre Opfergaben dar.
Durch das Lied, das ich singe, bietet die Göttin des Tons ihre Opfergaben dar.
Durch Weihrauch, Wasser und Düfte bringt die Göttin des Duftes ihre Verehrung dar.
Die Butter, die ich in meiner linken Hand halte, ist die Opfergabe der Göttin des Geschmacks.
Die fünf Arten von Seide, die den Pfeil schmücken, sind Opfergaben der Göttin der Berührung.
Mögen die Werke, die aus der Lehre des Lamas stammen, wie der Himmel grenzenlos sein.
Mögen die Werke, die aus dem Gesetz des Herrn entstammen, wie Sonne und Mond erstrahlen.

Mögen die Werke, die aus Predigt und Sühneriten (sadhanas) entstammen, sich ausdehnen wie die Teiche im Sommer.[287)]
Wie der Sänger gekleidet ist in Hut und Gewand, mögen Kraft und Gesundheit euren Körper bedecken.
Wie die Stimme des Sängers, der ein Lied singt,
Möge eure Rede melodisch erklingen.
Und wie der Sänger erfüllt ist von froher Kraft,
Möge euer Geist zahllose Jahre lang seine Stärke bewahren.

Kurze Auszüge aus der Lebensgeschichte des berühmten Königs Srong bstan gampo

Srong bstan gampo, der berühmteste König Tibets, wurde um 617 im Land Yarlung (hohe Täler) geboren, im äußersten Südosten Tibets, nahe der Grenze von Bhutan.
Diese Gegend, die heute fruchtbar und von relativ sanftem Klima ist, muß zur Zeit von Srong bstan gampo fast ganz von Dschungeln bedeckt und von einer dünngesäten Bevölkerung bewohnt gewesen sein, die von kleinen Lokalherren regiert wurde.
Unter ihnen begann Srong bstan gampos Aufstieg. Er sammelte Truppen und zog mit diesen nach Nordtibet. Er unterwarf die Stämme, denen er begegnete, verstärkte sein Heer und drang in chinesisches Gebiet ein, in dem er Vorposten der kaiserlichen Truppen angriff. Im Augenblick, in dem er sich mächtig genug fand, um eine Prinzessin, die Tochter des Kaisers Tai tsung, zur Frau zu begehren, zählte sein Heer mehr als hunderttausend Mann, und Tai tsung, der die Prinzessin Wen tchen einem Barbaren, dem Anführer eines halbwilden Volkes, gern verweigert hätte, mußte aus politischer Klugheit seine Einwilligung geben.
Aber nicht der wilde Eroberer lebt im Gedächtnis der Tibeter, die mit Ausnahme einiger seltener Gelehrter fast ganz die Erinnerung an vergangene Zeiten (VI. und VII. Jahrhundert) verloren haben, in denen ihre Horden einen großen Teil Zentralasiens unterwarfen und bis in das Innere Chinas vordrangen.

Der in vielen Biographien verherrlichte Srong bstan gampo ist eine legendäre Persönlichkeit, ein Held mythologischer Abenteuer, nicht ein menschliches Wesen, sondern ein Avatar des Bodhisattva Chenrezigs, der größten Gestalt des Pantheon des Mahayana und Schutzherr Tibets.
Eine der in diesen phantastischen Berichten dem Srong bstan gampo zugesprochenen Fähigkeiten ist das gleichzeitige Erscheinen unter verschiedenen Gestalten. Die folgende Geschichte bezieht sich hierauf.

Chenrezigs ist der tibetische Name des Bodhisattva, der in China Kwan yin genannt wird und hier eine weitverbreitete innige Verehrung genießt.
Zwei brave und fromme Chinesen, die davon hörten, daß ein Avatar des Kwan yin in Tibet als Landesherr lebte, hatten den brennenden Wunsch, ihm ihre Ehrerbietung darzubringen.
In Lhasa angekommen, teilte man ihnen mit, daß der König in einem Raum des Palastes Recht spreche. Sie drangen in den Saal ein, während Srong bstan gampo auf seinem Throne sitzend, eben Recht sprach über einen Verbrecher.
Dieser wurde zum Tode verurteilt. Der König befahl den Henker, ihn zu fassen und den Kopf abzuschlagen, was auch geschah.
Die Pilger, erfüllt von dem Glauben an die grenzenlose Güte des Kwan yin, waren völlig erschüttert, als sie ihre allerbarmende Gottheit einen solchen grausamen Akt anordnen sahen.
Srong bstan gampo, der in seiner vollkommenen Hellsichtigkeit ihre geistige Verwirrung erkannte, zeigte sich ihnen sogleich in einer dreifachem Gestalt. Der Ankläger, der Zeugnis gegen den Angeklagten geleistet hatte, war er selbst: Srong bstan gampo.

Der Verurteilte war er selbst: Srong bstan gampo, und auch der König auf dem Thron war er selbst: Srong bstan gampo.
Diese Vision war mehr als die beiden Verehrer des barmherzigen Kwan yin ertragen konnten. Sie baten, sich wieder entfernen zu dürfen. Der König befahl ihnen, sich in den Sand am Ufer des Flusses zum Schlafen niederzulegen. Sie gehorchten und fanden sich bei ihrem Erwachen in China, jeder vor seinem Haus liegend. Diese phantastische Geschichte ist von indischer Weisheit geprägt. Denn ihr zugrunde liegt die Idee des Vedanta von der tiefsten Einheit des Seins.

»In jedem Menschen, in jedem Kieselstein oder Grashalm sieht der Weise das Gleiche«, lehrt der Vedanta. Der Mahayana-Buddhismus entspricht jener volkstümlichen Auffassung, die ähnliche Fabeln wie die erwähnte hervorbringt.

Sicher gehören die in weiteren berichteten Tatsachen auch dem Srong bstan gampo der Legende an.

Der König Srong bstan gampo dachte: In meinem wilden Land[288)] der großen Schneeberge muß die Statue des Yidam[289)] errichtet werden zum Wohl der Menschen. Errichte ich sie in Gold oder Silber, so könnten in entarteten künftigen Zeiten Menschen ohne Scham sie zerstören. Lasse ich sie aus Erde und Stein errichten, so ist dies ein zu gewöhnliches Material. Mache ich sie aus verschiedenen Holzarten, kann sie morsch werden.
Um das Material zu finden, betete er zu Chenrezigs.
Am nächsten Morgen erschienen vor ihm Buddhas, Bodhisattvas, Arhants, Söhne und Töchter der Götter in dichter Menge einer Wolke gleich.

Der edle Jampayang und der edle Kuntuzangpo (Kuntu bzangpo)[290] traten aus der Menge hervor und jeder von ihnen hielt ein kostbares Gefäß mit Dutsi[291] gefüllt in Händen. So empfing der König die Einweihung.

Nachdem sein Körper gereinigt war, segneten ihn alle Buddhas, und alle Bodhisattvas wünschten ihm Glück. Die Söhne und Töchter der Götter traten zur Hälfte aus den Wolken hervor. Sie boten ihm Opfergaben dar und ließen, von Musik auf verschiedenen Instrumenten begleitet, einen Blumenregen herabfallen.

Im gleichen Augenblick strömten verschiedene Lichtstrahlen aus des Königs Körper und legten sich über das ganze wilde Land der Schneeberge, und jeder dieser Strahlen wurde zu einer magischen Gestalt (Tulpa), die für das Wohl der Menschen wirkte. So wurde das Land der Barbaren einer kostbaren Insel gleich.

Nun sprachen alle Götter im Chor zum König:

»König, Avatar, Bodhisattva, Herr aller Menschen mit schwarzen Köpfen (Haaren). Wenn du diesen Schutzgott (Yidam) einladen willst, der unerschöpfliche Verdienste besitzt und der aller Verehrung würdig ist, so wirst du ihn im Süden Indiens finden in Singala (Ceylon) am Ufer des Meeres:

Hinter einer selbsterschaffenen Statue des Karshapani (Vishnu) unter dem Sand, auf dem die Elefanten schlafen, lebt eine sandelholzfarbene Schlange.[292] In ihr verborgen liegt ein wunderbares selbsterschaffenes Bild[293] des Chenrezigs. Dies wird dein Yidam sein, oh König.«

Nach diesen Worten verschwanden die Götter.

Da dachte der König: Kein Mensch wird imstande sein, diesen Yidam zu finden. Man muß eine magische Gestalt (Tulpa) dorthin senden.

Im gleichen Augenblick brachte der König aus dem Haarbüschel zwischen seinen Augen inmitten der Stirn einen Gelong hervor mit Namen Akaramatishila. Auf seinem Kopf ruhte ein magisches Bild des Buddha Eupagmed.[294)] Der König schickte ihn fort, um das Bild des Yidam zu holen.

Auf magische Weise bewegte sich dieses Mönchsphantom nach dem Süden und erschien in der Stadt, die Ugyur (dbus hgyur) heißt.

Hier herrschte der König Utpala, dessen Vorfahren Bodhisattvas gewesen waren. Später aber wurden sie Hindus. Jeden Tag opferte Utpala dem Shiva[295)] fünf Ziegen.

Einst hatte zur Linken des königlichen Palastes der Buddha Korwa Djig (Hkorwa Hdjig)[296)] einen Chörten geweiht, der »Chörten des Lotusrades« genannt wurde.

Als Akaramatishila, das Mönchsphantom, bei diesem Chörten ankam, ging er zur Vorderseite und erhob sich mit gekreuzten Beinen in die Luft.

Der König, der vom Dach der Terrasse seines Palastes dies sah und für ein großes Wunder hielt, ließ Akaramatishila in seinen Palast rufen. Dieser aber weigerte sich zu kommen.

Als der König ihn inständig bitten ließ, antwortete der magische Gelong:[297)]

»Ich werde kommen, wenn ihr ausführen laßt, was immer ich befehle. Sonst komme ich nicht.«

Als der König dies versprochen hatte, ging der Gelong in den Palast. Der Prinz[298)] brachte ihm Opfergaben dar.

Da sprach der Gelong:

»Eure Vorfahren waren Bodhisattvas. Ihr müßt zu der buddhistischen Lehre zurückkehren und euer Heil in Buddha suchen.«

Der König tat es.

Nun befahl der Gelong dem König:
»Ihr müßt hundertacht Tempel erbauen. Auch müßt ihr hundertacht Statuen errichten lassen, um sie in diesen Tempeln aufzustellen. Die einen aus Schlangen-Sandelholz, die anderen aus Korshisha-Sandelholz.«
Der König antwortete:
»Die Schlangen-Sandelholzbäume wachsen nicht in den Ländern der Menschen. Sie wachsen im Himmel der Götter Ogmin (Hogmin)[299)], aber dorthin vermag ich nicht zu gehen. Die Korshisha-Sandelholzbäume wachsen im nördlichen Shambhala.[300)] Um sie schlingen sich Giftschlangen, denen ich mich nicht zu nahen wage. Aber die hundertacht Tempel werde ich bauen lassen.«
Der Gelong antwortete:
»Du mußt das Schlangen-Sandelholz holen. Sende Diener mit Werkzeugen aus.«
Der König machte sich mit seinem geistigen Lehrer Yön tcheud (yon mtchod) und einer zahlreichen Menge auf den Weg nach Singala am Ufer des Meeres.
Hier schliefen große Elefanten auf dem Sand hinter einer selbstgeschaffenen Steinstatue von Karshapani. Unter diesen war einer, der nach Osten blickte. Er hatte eine rote Mähne und trug hinter seinem Hals die Medizin Gi wang,[301)] deren Farbe gelblich-rot ist. Der Gelong sprach: »Unter diesen Elefanten muß der Schlangen-Sandelholzbaum liegen.«
Der König antwortete: »Wie kann ein Sandelholzbaum unter einem Elefanten liegen?«
Da sprach der Gelong: »In der Sommerhitze bleiben die Gegenden, in denen Sandelhölzer wachsen, immer frisch. Die Blätter dieses Baumes mildern die Qualen, die durch die Hitze verur-

sacht werden. Dies wissen die Elefanten und legen sich im Sommer in die Gegenden der Sandelholzbäume, die sie kennen.«
Man tötete die Elefanten, und als man an der Stelle, wo jener mit der roten Mähne gelegen hatte, im Sand grub, fand man einen großen Stumpf des Schlangen-Sandelholzbaumes.
Der König wunderte sich:
»Die Schlangen-Sandelholzbäume wachsen nicht in den Gegenden der Menschen. Wie kam dieser hierher?«
Der Gelong antwortete:
»Zur Zeit, wo Buddha Korwa Djig (Hkorwa Hdjig)[302)] in diese Welt kam, erhob sich ein Arahan[303)] Hörer durch magische Kräfte in den Himmel der Götter Hogmin. Von hier brachte er eine Frucht des Schlangen-Sandelholzbaumes mit. In dieser Frucht befanden sich vier Körner. Drei bot er Buddha Korwa Djig an, das vierte opferte er dem Herrn Karshapani, indem er es unter den Rand seines Schädels legte.[304)]
Der Wind trug das Korn fort, und es fiel hinter die Statue und wurde mit Erde bedeckt.
Eines Nachts am fünfzehnten Tag des Monats ließen die Khadomas Lebenselexier auf diese Stelle fallen und das Korn begann zu wachsen.
Zur Zeit, da der Buddha Serthub (Gserthub)[305)] auf die Erde kam, war der Baum erblüht. Zur Zeit des Buddhas Eudsung (Hodsrung)[306)] trug er reife Früchte. Zur Zeit des Buddhas Cakya Muni war er zu einem dicken Baum gewachsen. Zur Zeit des Nirvanas (Hinscheiden) dieses Buddhas fiel der Baum zu Boden und wurde wieder mit Sand bedeckt.«
König und Gelong zogen den Baum aus dem Sand und schnitten alle Zweige ab.
In dem Stamm waren vier Höhlungen. Aus diesen kamen leuch-

tende Strahlen heraus in zahlloser Menge, die die ganze Welt erhellten, um dann wieder in den Baum zurückzukehren.
Eine Stimme, die aus diesem drang, befahl, man solle sanft die Zweige abschneiden.
Unter den vier Teilen, die man abgeschnitten hatte, fand man eine Statue des Chenrezigs, die einem Kleinod glich. Sie zeigte zehn Gesichte – drei ruhige und sieben erregte. In vollkommener Weise waren Ruhe, Macht und furchterregender Ausdruck auf diese Gesichte eingezeichnet. Die zehn Hände dieser Statue, die strahlendes Licht umhüllte, führten verschiedene symbolische Gesten aus. König und Gelong schnitten den Baumstamm in hundertacht Stücke und machten aus ihnen hundertacht Statuen, die sie in die hundertacht Tempel stellten.

Nun mußte der Korshisha-Sandelholzbaum geholt werden. Unser Text berichtet in zwei Sätzen, daß man ihn holte und wie den vorhergehenden Baum behandelte, ohne Einzelheiten anzugeben, und fährt dann fort.

Im Chörten (in welchem? – jenem nahe des königlichen Palastes?) nahm der Gelong Reliquien der sieben alten Buddhas.[307)]
Den Rest ließ er zurück.
Dann ging der Gelong zur Insel des Meeres und sah dort auf jedem Grashalm einen Buddha sitzen. Er nahm eine Handvoll dieses Grases mit.
Dann ging er zu dem Ufer des Neranjara[308)] und sah dort auf jedem Sandkorn einen Buddha sitzen. Er nahm eine Handvoll Sand mit.
Er nahm auch die Statue des Chenrezigs mit, die er im Schlangen-Sandelholzbaum gefunden hatte.

Alle diese Dinge, die wertvoller sind und kostbarer als die acht Pilgerstätten und alle Schätze der Götter und Yidams in Indien nahm er mit nach Tibet und bot sie dem König dar, dessen Herz über diesen Besitz frohlockte.

Da faßte der König einen neuen Gedanken:

»In südlicher Richtung, in Nepal, ist gleicherweise eine selbstgeschaffene Statue verborgen, die in kommenden Zeiten von Nutzen für die Menschen sein wird, da sie Wunder vollbringt.«

Und er flehte zu dem Gott-Yidam (der von Gelong gebrachten Statue). Leuchtende Strahlen gingen aus dieser magischen Statue aus und breiteten sich fort bis nach Nepal.

Auf diese Strahlen gestützt (in der Schau auf diesen Strahlen getragen) erreichte der König die Grenze von Indien und Nepal. In einem großen Wald erblickte er den Sandelholzbaum Hari, aus dessen Stamm leuchten Strahlen sich in den zehn Richtungen[309)] ausbreiteten.

Er verstand, daß aus diesem Stamm vier Brüder ausgehen würden. Noch einmal sandte er den Gelong-Tulpa aus.

Als der Gelong im Land des Mang angekommen war, fand er das Volk in tiefster Trauer, weil viele Menschen an einer Epidemie starben.

Als er weiterging, hörte er, daß in der Stadt Yambul hgal[310)] viele an Lepra gestorben waren.

Weiter ging sein Weg bis zur Grenze von Indien und Nepal. Auch hier fand er viele Tote, die ganz plötzlich gestorben waren durch die Macht eines bösen Geistes der oberen Regionen.[311)]

In der Nähe hütete in einem dichten Wald ein Hirte eine große

Büffelherde. Unter ihnen war eine Büffelkuh, die sich der Verdienste erfreute, die sie durch gute Werke (in einem früheren Leben) erlangt hatte. Diese ging zu dem Sandelholzbaum, der leuchtende Strahlen aussandte, umschritt ihn[312)] und ließ hierbei Milch aus ihren Zitzen fließen.

Als der Besitzer der Herde sah, daß diese Kuh keine Milch gab, sagte er zu dem Hirten: »Du melkst meine Tiere.«

Der Mann antwortete: »Ich melke sie nicht. Ich führe sie jeden Tag in den Wald auf den Berg hinauf.«

Am nächsten Tag folgten Besitzer und Hirte den Büffeln in den Wald und sahen die Kuh zu dem Sandelholzbaum gehen, ihn umschreiten und ihre Milch verschütten. Dies war ein großes Wunder. Der Gelong-Tulpa, der dies hörte, wußte, daß hier die Sandelholz-Statuen sein müßten, an die der König dachte.

Er hackte den Baum ab. Da vernahm er die Stimmen der vier Statuen und aus dem Gipfel des Baumes erklangen die Worte: »Schneidet mich sanft ab und laßt mich im Land des Mang wohnen.«

Und aus dem gespaltenen Baum trat der edle Wati[313)] hervor.

Unter dem Spalt ertönte eine Stimme: »Schneidet mich sanft und laßt mich in der Stadt des Yambul hgal[314)] wohnen.« Aus diesem Spalt trat die Statue des edlen Dbu gang hervor.

Unter dieser sprach eine Stimme: »Schneidet mich sanft und stellt mich an die Grenze zwischen Indien und Nepal.« Da trat aus dem Baum der edle Djamali (Ldjamali) hervor.

Unter diesem Spalt hörte man eine Stimme: »Schneidet mich sanft. Ich will nach Tibet gehen zum Yidam des Königs Srong bstan gampo.«

Jede der Statuen kam an den Ort, den sie bezeichnet hatte.

Unser Text erzählt nicht, wie sie sich an die verschiedenen Orte begeben haben. Er erwähnt nur die letztere, die im Baum gefunden wurde, die Statue des Lokeshara.[315)]

Der Gelong-Tulpa stellte den Lokeshara im Potala auf. Er brachte auch die Statue des Karshapani nach Tibet und bot sie dem hochbeglückten König Srong bstan gampo dar. Dieser, der schon den Gott-Yidam empfangen hatte, dachte bei sich: »Ich werde fortan mit Eifer zum Wohl der Menschen wirken.«
Nun löste sich der Gelong im Licht auf und drang zwischen den Augenbrauen des Königs wieder in seinem Kopf ein.
Von neuem dachte der König:
»In diesem Land der Schneeberge sollte die Lehre des Großen Fahrzeuges[316)] verbreitet werden. Es gibt drei besondere Statuen des Buddha. Die eine ist in Indien, die andere in Nepal und die dritte in China. In jedem Land, in dem sich eine dieser Statuen befindet, blüht die Lehre des ›Großen Fahrzeuges‹. Ich muß unbedingt eine dieser Statuen besitzen.«
Er rief die selbstgeschaffene Yidam-Statue aus Sandelholz an (die ihm der Gelong gebracht hatte), und zwei Lichtstrahlen drangen aus ihr. Der eine ging nach Osten, der andere nach Westen. Der Blick des Königs, der dem Strahl nach Osten folgte, erreichte Nepal. Hier sah er den König Deva und seine Tochter Lhatchig titsun.
Der weiße Körper dieser Tochter überzog sich mit rosiger Farbe. Ihr Gesicht atmete den Duft des Sandel Hari aus. Sie war in allen Wissenschaften gelehrt und hatte die Fähigkeit, alle Kommentare der Lehre zu verstehen.
Der König wußte, wenn man diese Prinzessin nach Tibet brächte, käme mit ihr auch die Statue des Buddha, die ihn als acht-

jähriges Kind darstellt und ebenso alle Lehren des Großen Gefäßes (enthalten in den vielen Büchern, die sie mitbringen würde).

Hiernach sah der König, dessen Blick dem Strahl folgte, der nach Westen ging, den Herrn Chinas Tai tsung und seine Tochter Lhatchig Kongmo.[317)]

Auf ihrem Körper aus grünlicher Farbe lag eine rosa Tönung. Von ihrem Gesicht strömte der Duft der weißen Lotusblume: Sie war in allen Wissenschaften gelehrt und hatte die Fähigkeit, alle Kommentare der Lehre zu begreifen.

Der König erkannte, wenn man diese Prinzessin nach Tibet bringen würde, kämen mit ihr die Sandelholzstatue des Buddhas im Alter von zwölf Jahren und auch alle Lehren des Großen Fahrzeuges (enthalten in den Büchern, die sie mitbringen würde).

Nun kam dem König, der nicht seinesgleichen in der Welt hatte, nach tiefer Meditation der Gedanke, er müsse einen Traum vortäuschen.

Am nächsten Morgen kamen alle Minister, ihn zu grüßen und nach seiner Gesundheit zu fragen:

»Leidet euer kräftiger Körper an keiner Krankheit?«

»Euer Antlitz ist von schöner Farbe.«

»Ist euer Geist glücklich?«

So sprachen sie.

»Ich bin glücklich«, antwortete der König.

»Ich sah im Traum im Westen die schöne Tochter des Herrn von Nepal und im Osten die schöne Tochter des Herrn von China, und in diesem Traum schienen beide meine Frauen zu sein.«

Der Minister Garag[318)] antwortete:

»Die zwei Prinzessinnen, die der König im Traum erblickte,

werden wir, die Minister, ihm zuführen. Darum möge er zu keinem von diesem Traum sprechen.
Wir drei: der Minister des Äußeren, des Inneren und der Mitte, und sechs Befehlshaber werden uns zusammentun (um die Sache zu besprechen) und Eßbares mit uns nehmen: Bier und jeder einen gedörrten Hammel.
Morgen früh werden wir uns in der Hochebene des Gottes der Höhle versammeln.
Der König möge sich auf seinen Sitz zu Füßen des Stammes seines Nußbaumes setzen und wir werden uns um ihn versammeln.«
So sprach Gara.
Am nächsten Morgen versammelten sich die drei Minister und die sechs Befehlshaber. Die Hammel wurden für die Mahlzeit geteilt. Zwei der Teilnehmer bekamen je einen Schenkel, zwei andere je eine Schulter. Ein anderer bekam die Brust, der nächste die Nieren. Diese Stücke bildeten ein ganzes Gerippe.
Als man sie zusammenlegte, rief der Minister Thonni aus:
»Es ist ein Zeichen guter Vorbedeutung. Wir brauchen um nichts zu streiten, da wir einer Meinung sein werden. Was wir auch immer entscheiden mögen, wird erfolgreich sein.«[319)] Und er fuhr fort:
»Wir suchen keine Gattin von geringem Wert.«
Gara antwortete: »Sie wird nicht von geringem Wert sein. Unser Herr der König hat seine achtzehn Jahre erreicht. Eine gewöhnliche Braut steht ihm nicht zu, da er seinen Thron festigen wird. Ich werde um die schöne Tochter des Königs von Nepal werben und danach um die schöne Tochter des Königs von China. Beide werden die Gattinnen unseres Königs sein.«
Alle stimmten seinen Worten zu.

So ging Gara zu dem König Srong bstan gampo und sprach zu ihm:
»Wir werden zuerst die Tochter des Königs von Nepal fragen. Der König möge mir seinen Befehl geben.«
Der König antwortete:
»Nimm fünf Goldstücke mit und gib sie, wenn du deine Bitte aussprichst. Ein Haarschmuck aus Vaidurya[320)] mit Rubinen sei der Preis, den du dem König für seine Tochter bietest.
Dieser König wird dich dreierlei fragen. Als Antwort sollst du ihm nacheinander die drei Briefe reichen, die ich dir gebe, ohne dich zu irren.«
Und er gab ihm drei Briefe.
Der König gab ihm auch Pferde, Maultiere, Kamele,[321)] Schmuck, Kleider und Nahrungsmittel.
Dann befahl er ihm, sich auf den Weg zu machen und bei gefährlichen Durchgängen oder bei anderen Schwierigkeiten Djomo Niertchen[322)] durch Hersagen seines Mantrams anzurufen.
Gara warf sich dem König zu Füßen, grüßte ihn und machte sich auf den Weg. Hundert Offiziere von hohem Rang begleiteten ihn. Alle waren zu Pferd.

Sie kamen in das Land Nepal und erreichten die Stadt, die Khobum, Palast der Nagas, genannt wird. Vor dem Tor der königlichen Residenz baten sie, zum König geführt zu werden. Dies geschah.
Sie brachten ihm die fünf Goldstücke dar als Zeichen der guten Sitte. Dann legten sie vor ihm den Haarschmuck aus Vaidurya nieder, der mit Rubinen besetzt war, und Gara nahm das Wort:
»Wenn man in Zeiten von Epidemien diesen Haarschmuck

trägt und mit ihm durch die Stadt geht, werden Menschen und Vieh augenblicklich gesund.[323)]
Wenn man bei drohendem Eis und Hagel diesen Haarschmuck trägt und man mit ihm die Felder durchschreitet, werden Eis und Hagel anhalten.
Wenn man sich in Kriegszeiten mit diesem Haarschmuck kleidet, und in den Kampf zieht, wird man Sieger sein.
Es gibt in der ganzen Welt keinen ähnlichen Haarschmuck. Er ist nicht zu bezahlen. Ich biete ihn euch als Preis für eure schöne Tochter, die Prinzessin an, die ich für meinen Herrn, den König Tibets erbitte.«
Der König von Nepal antwortete:
»Die Dämonen haben zweifellos den Sinn deines Herrn verstört. Er muß von Sinnen sein. Ich bin ein Sproß des Buddha Eu srung (hoc srung)[324)] in ungebrochener Abstammungslinie. Eine Verbindung zwischen uns ist unmöglich.
Da du aber von einem entfernten Land gekommen bist (und viele Mühen auf dich genommen hast), frage deinen König bei deiner Rückkehr, ob er nach dem Gesetz der zehn tugendreichen Handlungen,[325)] die der Buddha vorschreibt, herrschen kann oder nicht. Vermag er es, gebe ich ihm meine Tochter. Im anderen Fall werde ich sie ihm nicht geben.«
Da zog Gara den ersten Brief aus der Schachtel, in der die drei verschlossen lagen, die Srong bstan gampo ihm gegeben hatte, und überreichte ihn dem König von Nepal.
Dieser öffnete ihn.
Auf einem Papier aus blauem Azur stand in Goldbuchstaben und in der Sprache Nepals geschrieben:
»Du, König des Landes der Wolle,[326)] regierst nach dem Gesetz der zehn tugendreichen Handlungen. Ich, König eines Landes

der äußersten Grenzen (der Barbaren)[327) habe dieses Gesetz nicht.
Willst du, daß ich es verbreite und gibst du mir dafür deine Tochter, so werde ich fünftausend Tulpas hervorbringen und durch sie dieses Gesetz an einem Morgen[328) einführen. Ist dies nicht ein großes Wunder?
Wenn du mir hiernach nicht deine Tochter gibst, werde ich fünfzigtausend Tulpas hervorbringen und in dein Land entsenden. Sie werden dich töten, deine Tochter entführen und alle Städte zerstören.«
So stand es geschrieben.
Der König erschreckte sehr, verbarg es aber und sagte zu Gara:
»Dein König ist recht hochmütig!
Frage ihn, ob er in seinem Land Klöster erbauen kann. Wenn er es vermag, werde ich ihm meine Tochter geben. Vermag er es nicht, werde ich sie ihm nicht geben.«
Da zog Gara aus der Schachtel den zweiten Brief des Srong bstan gampo und gab ihn dem König mit den Worten:
»Wenn ich für jede Antwort nach Tibet in das weitentfernte Land gehen und auf meinem Weg immer wieder auf- und absteigen müßte (beim Überqueren der Hügelketten und Berge), würde die Reise sehr viel Zeit in Anspruch nehmen; und es wäre uns nie möglich, die Prinzessin zu erhalten. Die Antwort auf eure Frage befindet sich in diesen Briefen.«
Nachdem der König den zweiten Brief geöffnet hatte, las er:
»Du, König von Nepal, hast die Macht, Klöster zu bauen. Ich habe sie nicht.
Willst du dennoch, o König, daß ich sie erbaue und mir dafür deine Tochter, die Prinzessin, geben, dann werde ich fünftausend Tulpas hervorbringen und mit ihrer Hilfe hundert-

achtundzwanzig Klöster erbauen, deren Tore nach Nepal blikken.
Ist dies nicht ein Wunder?
Wirst du mir aber hiernach nicht deine Tochter geben, werde ich fünfzigtausend kriegerische Tulpas hervorbringen und in dein Land schicken. Sie werden dich töten, deine Tochter entführen und alle Städte zerstören.«
So stand es geschrieben.
Der König erschrak noch mehr, aber er zeigte es nicht.
So sprach er zu Gara: »Dein König ist recht unerschrocken!«
Dann fragte er weiter:
»Gibt es in deinem Land die fünf Gegenstände, die den Sinnen Freude bereiten?[329)] Gibt es in deinem Land kostbare Steine, Gold, Silber, Seiden, Gewänder? Gibt es Gutes zu essen und zu trinken? Wenn es alle diese Dinge im Land deines Königs gibt, werde ich ihm meine Tochter geben. Gibt es sie nicht, so werde ich sie ihm nicht geben. Nun geh und frage ihn.«
Gara antwortete, indem er ihm den dritten Brief reichte:
»Ich kann nicht für jede eurer Fragen in mein Land gehen. Hier ist die Antwort.«
Und der König öffnete den Brief und las:
»Du, König von Nepal, hast Reichtümer. Ich, der König eines Barbarenvolkes, habe keine. Willst du aber, daß ich sie besitze, damit ich endlich deine Tochter erlange, so werde ich fünftausend Tulpas hervorbringen.
Die Gegenstände, die die Sinne erfreuen, kostbare Steine, Gold, Silber, Seiden, Gewänder, Essen und Trinken, werden sie vor dich hintragen in unzähliger Menge.
Sie werden aus den vier Richtungen die Reichtümer der Länder

der äußersten Grenzen sammeln und sie vor mich hinlegen und ich werde unermeßlich reich sein.
Ist dies nicht ein großes Wunder?
Doch wenn du mir hierauf nicht deine Tochter gibst, werde ich fünfzigtausend kriegerische Tulpas hervorbringen und in dein Land schicken. Sie werden dich töten, deine Tochter entführen und alle Städte zerstören.«
So stand es geschrieben.
Der König dachte bei sich: »Ein König hat nur ein Wort.«[330)]
Voller Mißfallen und mit ernstem Gesicht faßte er den Entschluß zur Reise der Prinzessin.
Seine Tochter fragte ihn:
»Vater, was ist euch geschehen?«
Und der König antwortete:
»Du sollst fortgehen, um die Frau des Königs von Tibet zu werden.«
Die Prinzessin antwortete:
»Tibet ist ein böses Land, in dem es weder Religion noch Reichtümer gibt. Wenn ich dorthin geh, werde ich meine Familie nicht wiedersehen, da die Reise so weit ist.«
Der König antwortete:
»Sprich nicht so. Du mußt nach Tibet gehen. Der König von Tibet ist ein Avatar, ein Seher mit magischen Kräften. Für jede Frage, die ich seinem Minister stellte, brauchte dieser nicht eine Antwort aus Tibet zu holen, sondern die Antwort kam im gleichen Augenblick aus seiner Hand.
Gehst du nicht zu ihm, wird der König fünfzigtausend kriegerische Soldaten schicken. Sie werden mich töten, dich entführen und alle Städte zerstören.«
Die Prinzessin dachte nach:

»Es gibt keine Möglichkeit, meinem Vater nicht zu gehorchen. Ich werde mein Land aufgeben müssen, um in das ferne Barbarenland der Schneeberge zu gehen, in dem es keine Religion und keine Verwandten oder Freunde gibt, die mich empfangen.« Und sie begann zu weinen.

Dann sprach sie zu ihrem Vater:

»O großer König, mein Vater, in dem barbarischen dunklen Land des Schnees ist die Lehre nicht verbreitet. Es ist ein Land, in dem Menschen der niedersten Kaste[331)] wohnen, böse Menschen, die Fleisch essen, elende Menschen. Es ist ein Land ähnlich dem der verhungerten und verdursteten Yidags.

Wenn ich in ein solches Land gehen muß, dann bitte ich euch, mein Vater: gebt mir Yidam mit, der gute Wünsche austeilt, dem ihr die Opfergaben darbringt, der unzählige gute Eigenschaften des Sehens, Hörens und des Fühlens besitzt: den Herrn Mikyöd Dordji.[332)]

Ich bitte euch auch um Tchampa Tcheu kyi lo (byams pa tchos kyi lo), den Regenten des Buddha Thubpa,[333)] den wohlwollenden Beschützer, der geschmückt ist mit außerordentlich nützlichen Zeichen zum Wohl der Menschen.

Ich bitte euch auch um die Statue der Dolma aus Sandelholz, der allerbarmenden Göttin, die widrige Umstände vertreibt.

Ferner bitte ich euch um das kostbare Kraut Tagsha (stagsha),[334)] um das Elend der Tibeter zu erleichtern.

Ich bitte euch um die kostbare Almosenschale aus Vaiduyra,[335)] die alles herbeischafft, was man sich wünscht: Reichtum, Nahrung, Getränk und notwendige Dinge.

Ich bitte euch, mir eine Fülle von Gütern zu geben, die ich in diese Gegend des Hungers und Durstes bringe.

Und nun unterweist mich, Vater«, rief sie schluchzend, »wie ich mich in diesem Barbarenland benehmen soll.«
Da richtete der König aus den Tiefen des Herzens zärtliche Worte an sie:
»Tochter meines Herzens,
Unter allen anderen Ländern ist Tibet ein edles Land.
Die Berge dort sind hoch,
Die Erde ist rein.
Die schneeigen Hügelketten gleichen
Dem Hals der wilden Ziegen.
Frisch, schön, den herrlichen Götterwohnungen gleich,
Ist dieses wunderbare Land,
Quelle allen Glücks,
Quelle der vier großen Flüsse,
Verschönt durch die fruchttragenden Bäume
Und die dichten Wälder.
Land, in dem fünf verschiedene Arten Korn gedeihen,
Das verschiedene Arten von Edelstein umfaßt
Und kostbares Metall.
Die vierbeinigen Tiere
Sind überall zu finden,
Und voll Vergnügen sammeln die Menschen die Butter.
Der König ist ein Gott (ein Avatar),
Die ihn umgeben sind Bodhisattvas.
Es gibt keine Religion in diesem Land,
Aber der König hat ein Gesetz.
Da solches das Land ist (wie ich beschrieben),
Gehe dorthin, mein Kind.

Yidam Mi kyöd Dordji und Tchampa
Sind göttliche Werke.
Im Jahre 20 000 von Dzambuling (unserer Welt)
Sammelte der König Kri Kri eine Menge kostbarer Metalle.
Der Buddha Eu sung weihte sie.[336)]
Die Tulpa Götter formten daraus Bilder.
Zuerst bildeten sie Tchampa,
Danach Mi kyöd Dordji,
Ein unermeßliches Wunder
Zahlloser Fähigkeiten
Der Schau, des Hörens und Fühlens.
Auf der ganzen weiten Erde
Ist kein Bild, das diesem gleicht.
Damit in Zukunft die Menschen Verdienste erwerben [337)]
Sprach der Lehrer der Götter und Menschen Cakya Thubpa
Mit acht Jahren Prophezeiungen über dieses Bild.
Zu dieser Zeit breitete sich ein großes Licht aus
Über die ganze Welt.
Die Götter ließen einen Blumenregen fallen.
Ich liebe dieses unvergleichliche Bild
Wie die Pupille meiner Augen,
Geliebtes Kind, ich gebe es dir.

Ich gebe dir auch Tchampa,
Damit die Menschen errichten
Die Herrschaft der Tugend.

Ich gebe dir Dolma, die Selbstgeschaffene,
Damit sie die Schrecken besänftige
Und die höheren Tugenden erwecke.

Dieses Kraut Tagsha und diese Juwelen
Gebe ich dir, zu mildern
Die Leiden, die Elend gebiert.
Diese Almosenschale aus Vaiduyra,
Die die Wünsche erfüllt und Reichtum,
Essen und Trinken gewährt,
Ich gebe sie dir, zu mildern
Das Leiden des Hungers und Durstes.
Ich gebe dir von allen Tieren:
Elefanten, Kamele, Maulesel,
Beladen mit Gold, Silber und Seiden
Und mit anderen nützlichen Dingen.

Nahrung, Gewänder, was du erwünschst,
Ich gebe sie dir.

Drei Mädchen aus edlem Geschlecht
Gebe ich dir zum frohen Geleit.

Ach, meine Tochter, ich fühle großen Schmerz,
Daß ich mich trenne von dir. Bewahre
Meine letzten Worte in deinem Geist.

Im Palaste des Königs im Lande des Schnees,
Unter Ministern und
Untertanen dort,
Verhalte dich so:
Von allen Lehren,
Die für die Menschen gemacht, [338)]
Lehre, was ihnen von Nutzen.«

Dieser Ansprache folgte ein großes Fest, an dem der König und die Hofleute teilnahmen.

Es war schwer, die Bilder auf den Karren über die schlechten Straßen zu transportieren. So schien es wünschenswert, sie den Tieren aufzuladen. Aber niemand wollte dies tun.[339)]
Da verwandelten sich Tulpas in zwei weiße Dzomos[340)] und trugen Djowo[341)] und Tchampa auf ihrem Rücken.
So unternahm mit zahllosen Ladungen wertvollster Dinge die Prinzessin Lhu tchig ti tsun, auf einem weißen Maultier reitend, die Reise nach Tibet, begleitet von zehn hübschen Gefährtinnen und Offizieren von hohem Rang.

Die Erzählung fährt fort zu berichten, wie Srong bstan gampo hiernach seinen Minister Gara ausschickte, die chinesische Prinzessin Wen Tchen zu holen. Diese Geschichte aber ist sehr lang und würde einen ganzen Band füllen.

Lied zur Einweihung eines Klosters

Der König Ti Srong de Tsen wurde im Jahre 641 geboren. In der Geschichte Tibets gilt er als glücklicher Eroberer, der seine Herrschaft weit über die tatsächlichen Grenzen seines Landes ausbreitete.

Wenn auch unter seiner Regierung der Buddhismus schon in Tibet eingeführt war, so verhinderte doch die Opposition der Böns, der Anhänger der alten Religion Tibets, in beträchtlicher Weise seine Ausbreitung.

Nach der abergläubischen Ansicht der Tibeter waren die Gegner des Buddhismus nichts anderes als die Dämonen das Ortes. Um sie zu besiegen, bedurfte es eines mächtigen Magiers. Der Kaplan des Königs, ein Inder mit Namen Santa Rakshita gab ihm den Rat, sich an seinen Schwager Padmasambhava zu wenden, der berühmt war als Gelehrter der okkulten Wissenschaften und große magische Kräfte besaß.

Padmasambhava stammte aus dem Grenzgebiet im äußersten Nordosten von Kashmir. Aber zur Zeit, als Santa Rakshita ihn dem König Ti Srong de Tsen empfahl, lebte er in Indien an der großen buddhistischen Universität von Nalanda.

Er nahm die Einladung des Königs nach Tibet an, um dort seine Kunst gegen das Volk der Dämonen auszuführen.

Er riet Ti Srong de Tsen, das Kloster von Samye zu erbauen, oder – nach einer anderen Fassung – die Bauten zum Ende zu bringen, die der König angefangen hatte, und bei denen die Dä-

monen jede Nacht das am vorangegangenen Tag Erbaute zerstörten.

Padmasambhava war Herr in der Kunst, dieses Volk zu behandeln. Auf folgende Art ging er nach tibetischen Berichten vor:

Er zeichnete den Khyilkhor[342] *des Dordji Purbu (dordje phurbu)*[343] *und rief verschiedene furchterregende Gottheiten an: die Towos (krowo), die er im Kreis Platz nehmen ließ, der für die Opfergaben vorgesehen war. Sieben Tage lang schloß er sich vor dem Khyilkhor ein und versenkte sich in tiefe ununterbrochene Konzentration der Gedanken, die sich auf Beherrschung und Unterwerfung der feindlichen Dämonen unter seinen Willen richteten. Am Ende dieser sieben Tage erschienen ihm die fünf siegreichen Buddhas*[344] *und versicherten ihm, er habe das Ziel erreicht. Da brachte Padmasambhava mehrere Wesen aus sich selbst hervor, die ihm genau gleich waren (tulpas). Diese arbeiteten als Aufseher und stellten jeden Dämon an eine bestimmte Aufgabe. So arbeiteten die Dämonen des Nachts, anstatt die Menschenarbeit, die weiter am Tage ausgeführt wurde, zu zerstören, und der Bau wurde in schnellster Zeit fertiggestellt.*

Ursprünglich umfaßte das Kloster von Samye Gebäude, deren Architektur jener Indiens, Chinas, Nepals und anderer umliegender Länder nachgeahmt war. Auf diese verschiedenen Stile bezieht sich der König in dem nachfolgenden Lied.

Mehrere Male wurde das Kloster durch Brand zerstört. Einer der britischen Geheimagenten, der Inder Nain Singh, der Samye 1874 besuchte, berichtet, daß zu dieser Zeit noch ein Rest der ursprünglichen Herrlichkeit des Klosters zu sehen war. Als ich fünfzig Jahre später dort hinreiste, war es vollkommen zerstört und im Inneren der Mauern, die es (im Umkreis von etwa zwei Kilometern) umgaben, boten halbzerfallene Tempel den Hirten mit ihren Herden Schutz.[345)]

Prunkvolle Zeremonien, die das auf magische Art errichtete Kloster einweihten, werden in den Chroniken geschildert. Bei dieser Gelegenheit soll Ti Srong de Tsen das folgende Lied gesungen haben.

Ein Lied, das der König Ti Srong de Tsen aus Anlaß der Einweihung des Klosters von Kamye nach Beendigung des Baues improvisiert haben soll.

Der König erhob sich von seinem Thron und sang ein fröhliches Lied:

Der höchste meiner verschiedenen Tempel,
Aus fünf kostbaren Stoffen gebaut,
Scheint nicht von Menschenhand errichtet.
Plötzlich ist er emporgewachsen.
Mein Tempel ist ein Wunder,
Allein sein Anblick macht mich glücklich,
Darum freut sich mein Herz.

Das Muster der drei Tempel des Ostens
Wurde in Lus phags ling gemacht;
Sie bestehen aus fünf kostbaren Stoffen
Und scheinen nicht von Menschenhand erbaut.
Plötzlich sind sie emporgewachsen.
Mein Tempel ist ein Wunder,
Allein sein Anblick macht mich glücklich,
Darum freut sich mein Herz.

Das Muster der drei Tempel des Südens
Wurde in Dzambuling gemacht.
Sie bestehen aus fünf kostbaren Stoffen
Und scheinen nicht von Menschenhand erbaut.
Plötzlich sind sie emporgewachsen.
Mein Tempel ist ein Wunder,
Allein sein Anblick macht mich glücklich,
Darum freut sich mein Herz.

Das Muster der drei Tempel des Westens
Wurde in Palang tchyeud gemacht.
Sie bestehen aus fünf kostbaren Stoffen
Und scheinen nicht von Menschenhand erbaut.
Plötzlich sind sie emporgewachsen.
Mein Tempel ist ein Wunder,
Allein sein Anblick macht mich glücklich,
Darum freut sich mein Herz.

Das Muster der drei Tempel des Nordens
Wurde in Tchang da mi nien[346)] gemacht.
Sie bestehen aus fünf kostbaren Stoffen
Und scheinen nicht von Menschenhand erbaut.
Plötzlich sind sie emporgewachsen.
Mein Tempel ist ein Wunder,
Allein sein Anblick macht mich glücklich,
Darum freut sieh mein Herz.

Meine Paläste strahlen oben und unten
Wie Sonne und Mond am Himmel.
Die drei Wohnungen der Königinnen

Sind wie türkisfarbene Mandalas.
Mein weißer Chörten[347)]
Gleicht einer Muschel mit nach rechts gedrehten Spiralen.
Mein roter Chörten
Gleicht einer zum Himmel gerichteten Flamme.
Mein blauer Chörten
Gleicht einem türkisfarbenen Pfeiler, in den Boden gestemmt.
Mein schwarzer Chörten
Gleicht einem Phurba aus Eisen, in die Erde gepflanzt.
Meine Chörten sind Wunder,
Allein ihr Anblick macht mich glücklich,
Darum freut sich mein Geist.

Reden des indischen Yogi Sharapa

Über Sharapa wissen wir nichts Genaues. Er soll ein indischer Yogi gewesen sein, der nach der Zeit des berühmten Marpa, des Übersetzers, in Tibet lebte. Dies soll im elften Jahrhundert oder noch später gewesen sein.

Eine Überlieferung berichtet, er sei niemals gestorben, sondern wäre auf wunderbare Weise entschwunden, indem er die Teile der Materie auflöste, die seinen Körper bildeten.

Manchmal schreibt man ihm Wiedergeburten zu, aber alle Berichte über ihn sind widersprechend und äußerst unklar. Man könnte allgemein annehmen, sie bestünden aus Zusammenstellungen verschiedenster Yogi-Geschichten.

SHARAPA
(Auszüge aus seiner Biographie und seinen Reden)

Sharapa, der Yogi, hatte sich mit seinen Schülern im Schneegebiet von Latchi Khangs[348)] niedergelassen. Nachdem er seinen geistigen Meister (Guru), dessen Meister, den Meister von diesem und die ganze Linie der Gurus (die die Lehre übermittelten), mit Bittriten und Opfergaben geehrt hatte, blieb Sharapa in innerer Erleuchtung versunken, die nicht kam und nicht ging.[349)] Was ihm in seinem Geist aufstieg und er begreifen konnte, drückte er in einem Lied aus:

Der Sieger Guespa Dordji,
Dessen Geist von ursprünglicher Reinheit war,
(Zu gleicher Zeit) leer und nicht leer,
Beharrte in sich selbst tatenlos.

In der selbstgeschaffenen (autogenen) Weisheit, frei von aller Tätigkeit,[350)] nach der Meditation über einen Weg, den er zuvor nicht gekannt hatte, versank er in die Meditation des Phantoms, indem er über das Blendwerk[351)] meditierte und den Geist, der sich von dem Meditierenden trennt.

Hat er den Wunsch zu meditieren,
Wird durch die Meditation selbst
Die Meditation verdunkelt.

Wenn man versteht, daß es keine Meditation gibt (daß man nicht meditiert), erhellen sich alle Dinge in der Meditation.
Jedes Individuum wird von seiner eigenen Weisheit gebunden (gehindert). Dem Yogi erscheinen die fünf Gifte[352)] wie Schmuckstücke.

Wenn der Wissende nicht den ursprünglichen Zustand (der Dinge) kennt,
So verlange er dies vom Idioten.
Wenn der Idiot es nicht kann,
Gehe er auf den Friedhof, einen Leichnam zu fragen.
Was dieser ihm sagen wird, ist der ursprüngliche Zustand der Dinge.
Dies sind die Gedanken des »Törichten«, der in Latchi Khang meditierte.

Nun ließ Sharapa seinen geistigen Sohn Tashi Rinden Palzang nach Latchi Khang kommen und übertrug ihm mehrere Einweihungen: die Einweihung in den Weg der Befreiung, die alte Einweihung, die die gesammelte Energie der frühen Gurus und ihre Methode übermittelt, um den Geist zu finden. Ferner gab er ihm die Einweihung in den Tummo, nach der Hitze aus dem Schüler ausströmt. Hierauf sprach Sharapa zu seinem Schüler: »Nun mußt du die Zielscheibe des Geistes treffen.« Und er sang:

Ehrerbietung den Gurus und Dakinis
Und euch Lamas der Wohltätigkeit ohnegleichen,
Laßt mich die höchste Weisheit erlangen.
Räumt alle Hindernisse fort.
Yidams, Khandos, Chöskyongs, ihr alle
Gewährt, worum ich euch bitte:
Die tiefen Spuren des vollkommenen Blicks,
Den Nektar eurer Worte, oh ihr machtvollen Meister,
Gebt ihm, der sie erfleht.
Fürchtend, daß durch das Rad der Zeiten
Die strahlende Lehre vergessen wird,
Schreibe ich auf eine der Menge nicht verständliche Art
Den Sinn der Guru-Worte nieder.
Werden sie auf die Art gelehrt, wie es die Lamas taten,
Glücklich, wer sie verstehen kann.
Die Dakinis, die die Lehre bewachen.
Werden ihnen den Sinn mitteilen.

Mensch, der du den Geist sehen willst,
Höre auf mich.
Ich will ihn dir zeigen.

Die Macht, die das Auge durchdringt,
Läßt dich die Dinge sehen.
Das Auge aber vermag sich nicht selbst zu erblicken,
Das Feuer kann sich selbst nicht verbrennen,
Der Geist selbst kann den Geist nicht finden,
Der Suchende, der den Geist gefunden,
Ist selber Geist.

Ich werde dir den Sinn erklären:
Sagt ein Mann, er habe den Himmel gesehen,
Beschreibt er seine äußersten Enden, die Mitte, Gestalt und Farbe,[353)]
Das ursprüngliche Wesen des Geistes aber
Läßt sich weder begreifen noch denken
Noch in Beispielen ausdrücken.
Kraft der Früchte der Meditation und Segnung der Reihe der Lehrer
Wird die Weisheit erscheinen, aus dir selbst geboren.
Die Überlegungen über das Dasein und die Ruhe,
Die in dem untätig gewordenen Geist[354)] abgeschnitten werden,
Geben das innere Gehen und Kommen (der Gedanken) auf.

Weisungen für den Sterbenden nach dem Bardo thös tol [355)]

Der Hauptgrundsatz der buddhistischen Lehre ist die formale Leugnung einer Ich-Existenz im Menschen oder in irgend einem anderen Wesen oder Ding. Doch unter den Buddhisten hält nur eine intellektuelle Minderheit an dieser ursprünglichen Auffassung fest. Die große Menge hat diese Lehre, die dem philosophischen Bereich angehört, auf die Ebene einer Volksreligion erniedrigt und huldigt unter der einen oder anderen Form dem Glauben an eine bleibende Wesenheit, die den materiellen Körper des Menschen bewohnt und ihn bei seinem Tod verläßt, um ihr eigenes Leben weiterzuführen, sei es in einer Wiederverkörperung oder auf eine andere Art.

Dieser Glaube an das Weiterbestehen einer bewußten Wesenheit nach dem Tode, die durch die Kraft vergangener Handlungen zu neuen Formen eines persönlichen Daseins getrieben wird, hat in Tibet eine Fülle an Literatur hervorgebracht. Diese umfaßt eine recht große Anzahl von Abhandlungen, die unter dem Namen Bardo thös tol bekannt sind. Einige dieser Arbeiten sind sehr wichtig, andere bestehen nur in einigen Blättern.

Es gibt sehr ausführliche Schriften, die aber nicht ausschließlich dazu bestimmt sind, am Kopfende eines Sterbenden oder bei den Bestattungszeremonien vorgelesen zu werden, sondern die von Priestern studiert werden sollen, um die Verstorbenen erfolgreich in die Welt zu geleiten, die der Tod ihnen öffnet.

Der Name Bardo thös tol bedeutet wörtlich, das zu »hören, was aus dem Bardo befreit«, das heißt: die entkörperte Wesenheit, die nach ihrer Trennung vom Körper, dem sie verbunden war, in den Bardo eintritt, lernt durch die Erklärungen, die im vorgelesenen Text enthalten sind, wie sie sich verhalten soll, um dem Bardo zu entgehen.

Es gibt noch eine andere Erklärung des Namens Bardo thös tol, die besser mit den in Frage stehenden Abhandlungen übereinstimmt. Sich »vom Bardo befreien« wäre eine unklare Bestimmung, die die Frage, wozu diese Befreiung dienen soll, offen läßt. Was ist das Los der befreiten Wesenheit?

Nach den Theorien, auf denen alle Werke beruhen, die zu dem Zyklus des Bardo thös tol gehören, beendet die Wiedergeburt selbst die Periode des Bardo. Denn immer von neuem wird der Mensch wiedergeboren, mit Ausnahme jenes Falles, den die zweite Erklärung vorsieht.

Diese läßt sich formulieren: Erklärung, »deren Vernehmen die Befreiung im Bardo gewährt«.

Man weiß, daß das höchste Ziel, zu dem der Buddhismus seine Meister führt, die Befreiung von Samsara[356)] *ist, vom Kreislauf des Todes und der sich stets wiederholenden Wiedergeburten. Nur wenig Tote vermögen im Lauf ihres Lebens den Strom der materiellen und psychischen Tätigkeiten, die das »Rad der Wiedergeburten«*[357)] *ins Rollen bringen, zum Stillstand zu führen. Alle anderen sollen durch die Abhandlungen des Bardo thös tol lernen, wie sie nach ihrem Tod – solange sie im Bardo sind – das erreichen können, was sie während ihres Lebens nicht vermochten: Das Ende des immerwährenden Übergangs von Tod zu Wiedergeburt und von Geburt zum Tod.*

Dieser Begriff der Befreiung[358)] *ebenso wie der der Ableugnung einer Ich-Existenz*[359] *liegt jenseits des Verständnisses der Menge, und diese wird weiter glückliche Wiedergeburten erhoffen in dieser Welt, in der Welt der Götter oder in einem der beiden Paradiese, die dem Lamaismus am bekanntesten sind: in dem Nub Dewatchen – dem westlichen Paradies der Großen Seligkeit – oder dem Galden yul, dem Land der Freude.*

Die Abhandlungen des Bardo thös tol liefern der Menge dieser Frommen an Stelle der Befreiung, die ihnen unerreichbar ist, Mittel, um sich im Jenseits zu besseren Wiedergeburten vorzubereiten als ihnen dies, sich selbst überlassen, möglich wäre, d. h. dann, wenn sie ohne Widerstand der Macht ausgeliefert bleiben, die durch ihre vergangenen Tätigkeiten[360] *erzeugt wurde (Tätigkeiten, die durch Körper, Wort und Geist vollbracht wurden).*

Man beachte, daß die Tibeter instinktiv gegen den Fatalismus eingestellt sind. Nach ihrer Meinung ist nichts wirklich unvermeidlich. Immer gibt es Mittel, um den normalen Lauf der Ursachen und Wirkungen umzuleiten. Man muß diese Mittel kennen und geschickt genug sein, sie anzuwenden.[361]

Jeder Bardo thös tol versucht auf seine Weise, dem entkörperten Geist diese »Mittel« zu zeigen.

Aber noch mehr. Der Gedanke, daß der Verstorbene eine Anstrengung machen, daß er eine Lehre hören und das Gehörte in die Tat umsetzen muß, übersteigt auch die intellektuelle Fähigkeit der meisten Tibeter. Diese wünschen, daß eine okkulte Macht sich zu ihrem Vorteil oder zu dem ihrer Lieben einsetzt, und daß ohne ihr eigenes Zutun »der Geist« des Verstorbenen auf wunderbare Weise ins Paradies getragen wird.

In diesem Fall wird der Bardo thös tol zum Phowa, d. h. zum »Fahrzeug«. Wohlgemerkt: zum Überführen des »Geistes« in einen seligen Ort, im allgemeinen nach Art des westlichen Paradieses der Großen Seligkeit.

Wenn auch gewisse Phowas nur in einigen Ausrufen bestehen, so sind doch die meisten Abkürzungen des Bardo thös tol, dessen Hauptlinien sie folgen. Im allgemeinen verstehen die Familien der Hinscheidenden oder der Verstorbenen, in deren Nähe der Text psalmodiert wird, nichts von seinem Sinn. Häufig versteht ihn selbst der Lama nicht, der ihn liest, und erwartet ebenso wie die unwissenden und leichtgläubigen Verwandten vom Hersagen des Textes das magische Ergebnis, daß der entfliehende oder schon entflohene Geist des vor ihm liegenden Körpers zu einem glücklichen Aufenthalt befördert wird.

Man muß noch hinzufügen, daß das Lesen eines Textes des Bardo thös tol auch vor einem Stellvertreter geschehen kann, der mit den Kleidern des Verstorbenen bekleidet ist, wenn ein Tibeter weit fort von seiner Wohnung stirbt oder aus irgendeinem Grund das Lesen nicht vor seinem Körper vollzogen werden kann.

Es ist wichtig, daß man genau die Natur der Wesenheit kennt, die den Bardo durchwandert. Die Tibeter nennen sie Namshes, ein Name, den wir mit »Geist« oder »Seele« zu übersetzen geneigt sind, da wir in den westlichen Sprachen keine Entsprechung finden. Aber auch die Tibeter haben im allgemeinen diese vollkommen falsche Vorstellung. Namshes ist weder »Geist« noch »Seele«, sondern ist die »Fähigkeit des Bewußtseins«, und diese ist weit davon entfernt, eine Einheit zu bilden.

Es ist das Zusammenspiel der verschiedenen »Bewußtseinsarten«, die von den verschiedenen Sinnen stammen:

Bewußtsein des Auges, das Formen und Farben einordnet.

Bewußtsein des Ohres, das Klänge einordnet.

Bewußtsein der Nase, das Düfte einordnet.

Bewußtsein der Zunge, das Geschmacksrichtungen einordnet.

Bewußtsein des ganzen Körpers, das durch Tasten Empfindungen einordnet.

Endlich Bewußtsein des »Mentalen«, das Gedanken einordnet.

Dieses Bewußtsein des »Mentalen« Yid kyi namparshepa ist jenes, das von den Sinneseindrücken irregeleitet, den Gedanken einer Einheit aufnimmt und diese für ein Ich hält.

Jede dieser »Bewußtseinsarten« ist ein Kraftfeld in einem Energiestrom, und dieser Strom wird immer weitere Manifestationen hervorbringen, auch wenn die Energiegruppe, die das Individuum bildete, aufgelöst ist. Solche Manifestationen können mit Wiederverkörperungen verglichen werden. Diese Idee erklärt die vielen nebeneinander bestehenden Wiederverkörperungen gewisser Tulkus, die Inkarnationen von Geist, Wort oder Körper einer hochentwickelten Persönlichkeit sind.

Es ist gleicherweise wesentlich, zu wissen, daß der Hauptgedanke, der sich in allen Werken über den Bardo thös tol wiederholt, darin besteht, daß der Bardo nicht ein Ort, sondern ein Traum ist, den die im Augenblick entkörperten Namshes träumen. Die Wanderung, die in diesen Werken beschrieben wird, besteht in einer Reihe von Halluzinationen, die sich der »Bewußtseins-Fähigkeit« im Augenblick des Todes oder unmittelbar nach der Erstarrung des Körpers darbieten.

Der Inhalt dieses Traumes besteht aus Erinnerungen, die aus der mentalen und psychischen Tätigkeit des Verstorbenen hervorgehen. Erleuchtete Lama erklären, daß sich die tibetischen Texte des Bardo thös tol ausschließlich an die tibetischen Lamaisten wenden und daß das Blendwerk des Bardo auch andere Formen annehmen kann. So werden zum Beispiel die Visionen eines westlichen Christen oder eines Mohammedaners ganz andere sein, da sie von ihren eigenen Glaubensformen gebildet sind. Die Visionen eines Unreligiösen werden einen völlig unreligiösen Charakter aufweisen. Es gibt tatsächlich eine Art »Wiederkäuen« der Elemente, die im »Bewußten« und »Unbewußten« des Menschen im Lauf seines Lebens gesammelt wurden. Keine neue Zufuhr wird hinzukommen, da die Tätigkeit der Sinne, die das Material dieser Elemente bildet, nicht mehr besteht.

Alle diese Visionen sind also rein subjektiver Art. Es gibt keine Wirklichkeit außerhalb von ihnen. Dies verstehen, führt zur Befreiung. Das ist die Lehre, die der Bardo thös tol auf jeder Zeile wiederholt.

Die Abhandlungen des Bardo thös tol enthalten ein seltsames Gemisch von Elementen aus verschiedensten Quellen. Es genügt, taoistische Tempel Chinas zu besuchen oder taoistische Werke zu lesen, um Bilder und Gedanken zu finden, die den im Bardo thös tol dargestellten entsprechen. Anleihen aus dem Tantrismus Nepals, aus den idealistischen Theorien bestimmter philosophischer Schulen des Mahayana-Buddhismus und noch anderes bilden im Bardo thös tol eine sonderbare widersprechende Mischung, die vor allem in den umfangreichsten Abhandlungen hervortritt. Man könnte glauben, daß der älteste Ursprung des Bardo thös tol hinaufführt zu der alten Religion Tibets, dem Bön, einer Art Taoismus gemischt mit Shamanismus, und daß auf diesem Grund buddhistische und tantrische Kenntnisse allmählich aufgeschichtet wurden.

Westliche Autoren glaubten die als Bardo thös tol bezeichneten Abhandlungen mit dem ägyptischen Totenbuch gleichstellen zu können. Diese Ähnlichkeit aber ist rein oberflächlich.

Offensichtlich ist das ägyptische Totenbuch der Führer der Verstorbenen oder vielmehr der »Doppelgänger« (Kha) im Jenseits. Es lehrt sie den Weg, den sie verfolgen, die Zeremonien, mit denen sie die verschiedenen Gottheiten anreden müssen, denen sie auf ihrem Weg begegnen. Es beschreibt auch das Gericht des Kha und die Gewichte, mit denen die Handlungen der Verstorbenen in symbolischer Art gewogen werden. Es lehrt den Kha die Möglichkeit, aus dem Grab zu entweichen, in das er den Körper begleitete, um ein Leben zu führen, das von den gleichen Tätigkeiten erfüllt wird wie das der Lebenden. Zumindest sucht die Lehre des Kha Visionen dieser Tätigkeit vorzuführen.

Die Grundlage aber, auf der die im Bardo thös tol gegebenen Unterweisungen beruhen, scheint den ägyptischen Theorien vollkommen fremd zu sein.

Wenn auch die sehr wenig orthodoxe buddhistische Idee eines subtilen Körpers, des Djalus,[362] *der der Bewußtseinsfähigkeit verbunden bleibt oder sie vielleicht schützt, im Bardo thös tol aufscheint, so ist dies nur ein zusätzlicher Gedanke. Das wesentliche Thema ist die philosophische Auffassung der idealistischen Anhänger des Muhayana, daß die »Befreiung« ein gedanklicher Akt ist, der darin besteht, klar zu erkennen, daß es keine anderen als die von uns selbst gewobenen Fesseln gibt: daß Himmel, Hölle, Götter und Dämonen nur Gestalten unserer Einbildung sind.*

Die letzte Ermahnung, die der Bardo thös tol an die Wesenheit richtet, die am Ende ihrer Reise durch den Bardo sich vor dem Richter der Toten befindet, der ihr Los entscheiden wird, heißt:
Wisse noch einmal: Außerhalb deiner Täuschungen
Gibt es weder den Herrn, den Richter der Toten, noch die Dämonen,

Auch nicht den Beherrscher des Todes: Manjuçri.
Verstehe dies und sei frei!

Es wäre noch viel mehr über den Bardo thös tol zu sagen, aber ich darf nicht vergessen, daß das vorliegende Buch nur die Aufgabe hat, tibetische Texte aufzuzeigen. Doch ohne jede Erklärung würden die zwei folgenden Texte dem Leser nicht verständlich sein. Beide gehören zu dem literarischen Zyklus des Bardo thös tol. Der zweite wird unter die Kategorie der Phowas eingereiht.

BARDO THÖS TOL

Hast du die Unterweisung eines weisen Gurus (Meisters) empfangen, der eingeweiht ist in das Geheimnis des Bardo?
Wenn du sie empfangen hast, dann rufe sie dir ins Gedächtnis und laß dich nicht von anderen Gedanken zerstreuen.
(Ist der geistige Meister des Sterbenden oder Gestorbenen selbst anwesend, sagt er:)
Ich habe dir die tiefe Unterweisung übermittelt, die ich selbst von meinem Meister und durch ihn von der langen Reihe der eingeweihten Gurus empfangen habe.
Rufe sie dir ins Gedächtnis und laß dich nicht von anderen Gedanken zerstreuen.
Behalte unter jeder Bedingung deinen klaren Geist.
Wenn du leidest, versinke nicht in die Empfindung deines Leidens.
Empfindest du eine erholsame Erstarrung deines Geistes,
Fühlst du dich eindringen in ein stilles Dunkel, ein friedliches Vergessen,

So versinke nicht darin. Bleibe wachsam.

Die Bewußtseinszustände,[363)] die als X (es folgt der Name des Sterbenden) bekannt waren, sind im Begriff sich aufzulösen. Halte sie zusammen durch die Kraft des Yid kyi namparshespa.
Die Bewußtseinszustände trennen sich von deinem Körper und gehen in den Bardo ein.
Rufe deine Energie auf, damit du sie bei klarer Erkenntnis die Schwelle überschreiten siehst.
Die Klarheit, die aus dem farblosen und leeren Licht ausstrahlt, wird dir weit schneller als der Blitz erscheinen und dich umhüllen. Möge dich nichts so entsetzen, daß du zurückweichst und das Bewußtsein verlierst. Versenke dich in dieses Licht.
Verwirf jeden Glauben an ein Ich, jede Bindung an deine trügerische Persönlichkeit.
Löse dein Nicht-Sein im Sein auf und sei frei.
Wenige nur von jenen, die nicht fähig waren, während ihres Lebens zur Befreiung zu gelangen, werden sie in diesem Augenblick erlangen, der so flüchtig ist, daß man ihn ohne Dauer nennen könnte. Die anderen werden durch den Schrecken, den sie wie einen tödlichen Schock empfinden, ihr Bewußtsein verlieren.
Im Augenblick, in dem der Tote den letzten Atemzug tut, ruft der anwesende Lama, wenn er in diese Übung eingeweiht ist und die Macht erhielt, sie wirksam auszuführen, dreimal: Hick! Dann ruft er ein einziges Mal: phet!
Nun fährt er fort (oder wenn er zum Toten[364)] gerufen wurde, beginnt er hier:
Du Sogenannter – es folgt der Name des Verstorbenen – wirst wie aus einem Schlaf erwachen.

Wisse, daß du den Körper verlassen hast, den du beseeltest.
Blicke auf ihn: er liegt bewegungslos dort.
Empfinde kein Bedauern.
Empfinde keine Bindung an ihn.
Verweile nicht bei denen, die deine Verwandte und Freunde waren. Setze dir nicht in den Kopf, mit ihnen zu reden.
Deine Stimme ist klanglos; sie können dich nicht hören.
Halte dich nicht auf, die Gebiete zu durcheilen, die Gegenstände zu betrachten, die dir gehörten.
Du hast nicht mehr die Macht, sie zu bewegen und fortzutragen.
Du hast sie verlassen.
Sie haben dich verlassen.
Suche nicht die Bande zu ihnen zu erneuern.
Löse dich ab.
Wisse, daß du einen Traum aus nicht beständigen Formen gestaltet hast. Da du die Befreiung nicht in dem Augenblick ergreifen konntest, in dem das Licht der Wirklichkeit dich umhüllte, wirst du fortfahren, angenehme oder leidvolle Träume zu träumen. Im Verlauf von diesen werden dir die Möglichkeiten geboten, die Erkenntnis zu erlangen.
Sei wachsam und auf der Hut!
Verstehe nun: Jeder Bewußtseinszustand, den du entwickelt hast und der deine Persönlichkeit ausmachte dank deiner physischen Organe, deren Stoff sich nun auflöst, wird eine bestimmte Tätigkeit suchen, bis die Energie erschöpft ist, die durch vergangene Handlungen aktiviert und aufgespeichert wurde.
Aus dieser vergangenen Tätigkeit deines materiellen und mentalen Körpers steigen die Visionen auf, die dich umgeben.

Da durch deine Augen dein Bewußtsein der Formen und Farben entstanden ist, siehst du Formen und Farben.
Da durch deine Ohren dein Bewußtsein der Töne entstanden ist, hörst du Klänge.
Da durch deine Nase dein Bewußtsein des Geruchs entstanden ist, riechst du Gerüche.
Da durch deine Zunge dein Bewußtsein des Geschmacks entstanden ist, empfindest du Geschmack.
Da durch deinen Körper dein Bewußtsein der Empfindungen entstanden ist, dessen Ursprung das Tasten ist, hast du Wahrnehmungen der Berührung.
Da dein Geist Gedanken aus diesen Bewußtseinszuständen gezogen hat, kommen dir Gedanken.
Wisse, daß es sich hier nur um Trugbilder handelt.
Kein Gegenstand, der sich dir darbietet, ist Wirklichkeit.
Es sind Ergebnisse der Tätigkeiten deiner vergangenen Bewußtseinszustände.
Fürchte dich nicht.
Hänge ihnen nicht an.
Betrachte sie mit Gleichgültigkeit, ohne Abneigung und Begierde. Wenn die Gedanken und Taten der Barmherzigkeit und Geduld, wenn Bemühungen im Guten, wenn Ruhe des Geistes in deinem vergangenen Leben herrschten, wenn du im Augenblick des Todes Erbarmen hattest für das Glück der Menschen und sich deine Wünsche zu den Buddhas und Bodhisattvas erhoben, in Sehnsucht sich ihnen zu nahen und sich ihren segensreichen Handlungen zu vereinen, dann werden dir Buddhas und Bodhisattvas in strahlendem Glanz inmitten einer klaren, blauen, unendlichen, leuchtenden Atmosphäre erscheinen.
Vielleicht werden sie dich in ihrer Zartheit, Fremdheit und

durchdringenden Macht erschrecken, weil du trotz deiner tugendhaften Gedanken und Handlungen nicht genügend mit der Substanz der Buddhas und Bodhisattvas verbunden bist.
Gib dem Schrecken nicht nach, den du empfinden magst.
Wende dich nicht um.
Suche nicht zu fliehen.
Betrachte mit Ruhe die Vision, die sich dir bietet.
Beruhige deine Angst.
Gib der Begierde nicht nach.
Vertraue dem, der dich erleuchtet (Vairochana),
Dem Unsterblichen Dodji semspa.
Durch die Tugend seiner Wesenheit kann dir in diesem Augenblick Befreiung werden.
Aber deine mentale und materielle Aktivität hat sich auch durch Gedanken des Hasses, des Neides, durch Handlungen des bösen Willens und Bosheit ausgedrückt, die den Menschen Schmerz zufügen. Du hast die Begierde tierischer Wünsche nach Luxus genährt und dich ihr überlassen. Du hast dich von der Erkenntnis abgewendet und bist in die Erstarrung der Unwissenheit gefallen. Die auf diesen Gebieten tätigen Bewußtseinskräfte umgeben dich. Du erkennst sie nicht in der Gestalt, in der sie dir erscheinen und die du selbst ihnen leihst. Dein Schrecken ist ohne Grenzen.
Siehe die Gestalten der erregten Gottheiten und die Hüter der Schwelle. In aufgewühlter Menge umgeben sie ihre Satelliten.
Sie haben Tiergestalten,[365)] die unbekannt sind in der Welt, die du verlassen hast.
Von vielfarbigem Licht umgeben stehen sie drohend vor dir auf und verwehren dir den Weg.
Sonderbare furchterregende Töne erklingen.

Schreie erheben sieh.
Stimmen gellen: Schlage, schlage! Töte, töte!
So hörst du sie: denn deine Taten ließen dich taub sein gegen die befreienden Wahrheiten, die dir zugerufen wurden.
Überlasse dich nicht dem Schrecken, der sich deiner bemächtigt.
Widerstehe der Verwirrung, die deinen Geist trübt.
Nichts, was du siehst, hat Wirklichkeit.
Du betrachtest den Inhalt deines Geistes, der voller widersprechender Gedanken ist.
Die Gottheiten in furchterregender Gestalt, die dir erscheinen:
Shindje shedpo, Tamdrin, Nampargyalwa, Dutsikyilwa,
Und die Dakinis mit den erregten Gesichtern, die Stachel, Lasso, Kette und Schelle[366)] tragen,
Drehen sich im Kreis um dich.
Fürchte sie nicht.
Suche sie nicht zu fliehen.
Diese furchterregenden Gestalten sind der gegensätzliche Aspekt zu den segensreichen Gestalten der Buddhas und Bodhisattvas, die du zuvor betrachtet hast.
Sie entspringen deinem eigenen Geist, in dem ihre beiden Aspekte zusammen bestehen.
In dir sind die fünf Weisheiten.
In dir sind die fünf Gifte.[367)]
Die leuchtende oder trübe Klarheit, die dir entgegenzustrahlen scheint, um in dein Herz einzudringen, geht in Wirklichkeit von dir aus.
Was du siehst, ist nichts als das Widerspiel des Inhalts deines Geistes,
Zurückgestrahlt durch den Spiegel der Leere.
Wenn dieses Verstehen in dir aufsteigt und einen fürchterlichen

Schock hervorruft, wirst du fühlen, wie der ätherische Körper,[368] den du noch trägst, sich auflöst, und du wirst frei sein. Dennoch können die Fähigkeiten, die du durch diesen subtilen Körper genießt, deine Täuschung verdichten.
Es genügt der Wunsch, an irgendeinem Ort, sei es auch am äußersten Ende der Welt zu sein, und es geschieht im Augenblick.
Benutze diese Macht nicht, um in Orten herumzuirren, an denen du gelebt hast, und unter Menschen zu sein, zu denen dich der Durst deiner vergangenen Empfindungen hindrängt.
Wenn du nicht den Sinn der Lehren begreifen kannst, die du empfingst, und wenn du sie nicht für deine Befreiung einsetzen konntest,
Wenn der Wunsch, in einer individuellen Gestalt zu existieren, noch immer dich besitzt,
Wirst du nicht den wie ein Abgrund geöffneten Mund des Weltkreislaufs schließen, in dem die verschiedenen Schöße bereit sind, dich anzuziehen.
Du läufst Gefahr, dich auf einem der Wege zu befinden, die von einem trüben Licht erhellt werden, das deinem Blick, der den Glanz der strahlenden Klarheit auf deinem Weg nicht ertragen konnte, freundlich und ausruhend erscheint.
Deine Bewegungen entstehen aus der Täuschung, die du zurückbehältst von den äußeren Bildern, die in Wirklichkeit nur in dir bestehen und aus der zurückbehaltenen Bindung an das Gefüge, das dein Ich gebildet hat und sich nun auflöst.

Unter den vielfarbenen Strahlen des Lichtes, das die Sarabande der heulenden und drohenden Gottheiten umgibt, die sich um dich scharen, ist ein schmaler weißer Strahl, wie ein Weg, der sich ins Unendliche fortsetzt.

Er führt zu der Sphäre der Götter. Wenn du vermagst, schlage ihn ein. Besser aber wäre es, du würdest ihn meiden, wenn du den Wunsch nach einer individuellen Existenz im Kreislauf der Geburten verworfen hast.
Die glücklichen Aufenthalte sind unwirklich und vergänglich. Den Blasen an der Oberfläche des Meeres vergleichbar, stehen sie in unserem Geist auf als Wogen der Empfindungen und vergehen wieder, um in neuen unbeständigen, glücklichen oder schmerzhaften Formen wieder aufzusteigen. So folgen sie aufeinander, hervorgerufen durch die unaufhörliche Tätigkeit der verschiedenen und sich widersprechenden Energien.
Wenn deine Neigungen zum Guten dich mit aller Kraft vorwärtstreiben, wirst du dem Weg der fahlen Mattheit folgen und eine Zeitlang die Ruhe genießen, zu der er führt.
Hast du Gefühle des Neides, des heftigen Ehrgeizes genährt, ließen deine letzten Gedanken dich mit einem von streitsüchtigen Einflüssen geprägten subtilen Körper in den Bardo eingehen, wirst du versucht sein, den aus einem grünen Lichtstrahl gebildeten Weg zu beschreiten.
Widerstehe deinem Impuls. Der grüne Lichtstrahl führt zu der Welt der Lha ma yin,[369)] die in ständigem Kampf stehen mit den Lha, und sich vergeblich bemühen, den Raum zu überbrücken, der sie von der Welt der Ruhe und des Glückes trennt. Unaufhörlich besiegt, verdoppeln sie ihre Anstrengung in unerschöpflicher, ermüdender Arbeit.
Wende dich ab, wenn du vermagst.
Du kannst auch angezogen werden von jenem Lichtstrahl mattgoldener Farbe, der sich in unendlichen Fernen verliert. Es ist der Weg, der in die Welt der Menschen führt, zu ihnen, die du eben verlassen hast. Hier erfährt der Mensch nur seltene Freu-

den, denen große Schmerzen folgen: Krankheit, Verlust an Gütern und nahestehenden Menschen, Schwächen des Alters und endlich die Schrecken des Todes, die ihn in den Bardo werfen, dieses Vorzimmer der neuen Wiedergeburten.
Rufe die Erinnerungen an die Wechselfälle deiner zahlreichen Daseinsformen zurück, verwirf den Wunsch, von neuem die Träume der Menschenwelt zu erfahren.
Löse dich.
Versetze dich in den leeren Zustand der Nicht-Anziehung und Nicht-Ablehnung, in den Zustand des vollkommen unbeweglichen Geistes.
Wenn dieser dem Teich gleicht, dessen Wasser ohne geringste Wellenbewegung einem ganz blank geputzten Spiegel ähnelt, dann kann sich die Wirklichkeit darin spiegeln.
Wenn die Neigung zu geistiger Trägheit und Gleichgültigkeit, von deinen Wünschen genährt, dich zu einem bläulich grauen Lichtstrahl zieht, widerstehe und wende dich ab, wenn du kannst.
Er führt zu einer unglücklichen Welt der Tiere, die nicht fähig sind, die befreiende Erkenntnis zu erlangen.
Widerstehe, widerstehe, mach noch einmal einen Versuch.
Der dunkelrote Strahl zieht dich an. Er führt zu der furchtbaren Welt der Mi-ma yins,[370)] der elenden Wesen in schrecklichen Gestalten, die unaufhörlich durch Bedürfnisse gequält werden, denen die geeigneten Organe zu ihrer Befriedigung fehlen.
Erwecke die Erinnerung an die Buddhas und ihre Lehre, an die Bodhisattvas voller Erbarmen, an deinen Schutzgott und deinen weisen Guru.
Die segensreichen Einflüsse der mit ihnen verbundenen Gedan-

ken vermögen die Einflüsse der vergangenen schlechten Handlungen zu mildern und dir den furchtbaren roten Pfad zu versperren. Erblicke nicht weit von diesem einen dunklen, rauchfarbenen Pfad. Es ist der Aufenthalt der Schmerzen, der Höllen, wo das Leben währt und selten die Möglichkeit eines Todes auftritt, der zu einer besseren Wiedergeburt führt.
Erwecke mit aller Kraft die Buddhas und Bodhisattvas. Erinnere dich an die Unwirklichkeit der Visionen, die dir erscheinen. Beherrsche die Regungen deines Geistes. Bilde Gedanken der Barmherzigkeit gegen alle Wesen.
Überlasse dich nicht der Furcht.
Aus dir selbst gehen die verschiedenen Wegstrahlen hervor, die du siehst. In dir allein haben sie und die Welten, zu denen sie führen, Bestand.
Verjage die Gefühle der Anziehung und Abstoßung.
Bleibe gleichgültig und ruhig.
Wenn du durch den Einfluß der geistigen Erstarrung, dem du dich in der Daseinsform, die du eben verlassen hast, hingegeben hast, durch die bösen Handlungen, die du unter Anreiz der Unwissenheit und deiner ungesunden Neigungen begangen hast, stumpf geblieben bist und taub gegenüber den Lehren, und du vorwärtsschreitest unter den Blendwerken des Bardo, ohne dir Rechenschaft zu geben, so versuche jetzt zu hören.
Der subtile Körper, den du auf deinem Weg mitführst, ist durchtränkt von deinen vergangenen Begierden und von einem brennenden Durst nach Empfindungen, denen deine Erinnerung nachjagt, die aber der Mangel an fleischlichen Organen nicht erfüllen kann. Der Wunsch nach Wiedergeburt ist eine unerträgliche Qual. Du empfindest diesen Wunsch, der dich umfaßt, ohne daß du dich seiner Natur bewußt bist, wie einen quälen-

den Durst, während du erschöpft eine Wüste von brennendem Sand durchquerst.
Auf deinem Weg bemerkst du einen Chörten[371)] oder mehrere zusammen. Oder du siehst eine überdeckte Brücke[372)] und möchtest dich unter ihrem Schutz niederlassen. Aber Riesenwesen stehen auf, einige mit Tierköpfen auf menschlichen Leibern, andere als riesige Vögel mit Krallenflügeln. Sie stoßen schneidende Töne und Gebrülle aus, sie schwingen Geißeln; ein Orkan erfaßt dich in seinem Wirbel, schleudert dich vor sich her, während die wütende Menge der dämonischen Wesen dich verfolgt.
Du siehst den Weg entlang Tempel und Paläste aus Gold und Silber, mit kostbaren Steinen geschmückt, gebadet in eine sanfte weiße Klarheit. Tritt in sie ein, wenn du kannst. Diese Paläste und Tempel sind symbolische Schöße und die Schwelle in die Welt der Götter, in der man auf wunderbare und reine Weise geboren wird inmitten einer Lotusblüte, die sich entfaltet.
Zwingen dich die vergangenen Handlungen deinen Weg weiterzugehen, wirst du in einen lieblichen grünen Hain treten. An den Bäumen hängen einladende Früchte, die du pflücken willst, um deinen Durst zu stillen.
Hüte dich, dies zu tun. Weiche zurück.
Was dir als frischer grüner Hain erscheint, ist der Schoß, der zur Wiedergeburt in der unruhigen Welt der Krieger Lha ma yins führt.
Du wirst auch weite Strecken getrockneter Büsche und Nadelhölzer durchwandern. Halte dich zurück. Es sind die Schöße elender, stets ausgehungerter Wesen.
Du wirst Grotten und Höhlen sehen. Einige werden lieblich aus-

schauen und dir Schutz zum Ausruhen gewähren. Andere werden voller Staub und Dunkel sein.
Hüte dich, in eine einzutreten. Die ersteren sind der Schoß in die Tierwelt. In ihr wird man als Pferd, Hund, Büffel, Wolf, Bär, Vogel oder in anderer Tierform geboren. Die zweiten sind Schoß zur Wiedergeburt unter Wesen, die in höllischen Welten gequält wurden, aus denen man nur nach langem Aufenthalt wieder herauskommt.
Hüte dich, hier einzugehen.
Du wirst einen Teich oder Fluß sehen mit fruchtbaren und sonnigen Feldern an ihren Ufern. Du möchtest dich an dem grünen Ufer niedersetzen und deinen Durst mit dem kristallklaren Wasser stillen, das sich vor dir spiegelt. Diese bezaubernde Landschaft ist der Schoß, durch den man in die Welt der Menschen eingeht.
Nimm dich in acht. Halte deinen Wunsch zurück.
Halte nicht an.
Aber die Erinnerung an die fleischlichen Empfindungen, denen du dich im Laufe des vergangenen Lebens hingegeben hast, ist wie Stacheln im Körper der subtilen Materie, den du noch trägst. Vor dir und um dich paaren sich Tiere und Menschen. Du beneidest sie und sie ziehen dich an.
Wenn deine Neigungen bewirken, daß du als Mann wiedergeboren wirst, empfindest du eine starke Abneigung gegen alles Männliche, das du siehst. Ist es dir in Auswirkung deiner Neigungen bestimmt, als Frau wiedergeboren zu werden, empfindest du eine starke Abneigung gegen alles Weibliche, was du erblickst.
Nahe dich nicht den Paaren, die. du siehst. Versuche nicht, dich unter sie zu mischen, dich an ihre Stelle zu setzen, sei es

an die Stelle eines weiblichen oder männlichen Menschen oder Tieres.
Du wirst ohnmächtig in dem Gefühl, das du empfindest und wirst als ein menschliches Wesen oder als ein Wesen dieser oder jener Tierart empfangen.
Hast du dich abgewendet, bist du am Ende deines langen Traumes des Bardo angekommen.
Nun stehst du vor Shindje, dem Herrn des Todes.
Du wirst vergeblich versuchen zu lügen, die schlechten Taten, die du begangen hast, zu verbergen. In dem widerstrahlenden Spiegel, den der höchste Richter in Händen hält, erscheinen die Formen aller mentalen und physischen Handlungen.
Höre dennoch zu!
Wisse, daß alle Gestalten, welcherlei sie auch sein mögen, die du im Bardo erblickst und fürchtest, unwirkliche Traumbilder sind, durch dich erschaffen, von dir projiziert, ohne daß du sie als deine Schöpfungen erkennst.

Der Spiegel, in dem Shindje zu lesen scheint, ist die Erinnerung, die die Kette der vergangenen Taten zurückruft und sie richtet nach deinen eigenen Begriffen.
Du selbst wirst nach deinen eigenen Neigungen dein Urteil sprechen und dir diese oder jene Wiedergeburt zuteilen.
Kein schrecklicher Gott treibt dich.
Du gehst von allein.
Die Gestalten der erschreckenden Wesen, die sich deiner bemächtigen und dich zu deiner neuen Geburt drängen werden, sind von dir selbst mit den Kräften bekleidet, die in dir wohnen.
Wisse noch:
Es gibt außerhalb deiner Trugbilder weder den Herrn, den Rich-

ter der Toten noch Götter oder Dämonen, noch auch den Besieger des Todes (Yamantaka – tibetisch: Djampal Shindje gshed). Verstehe dies und sei frei.

Phowa

Ritual zum Geleit des Sterbenden

Dieses Ritual der Übergabe des Geistes der Sterbenden an die Toten – übersetzt aus einem Manuskript – ist eine Unterweisung für die Lamas, die den Phowa ausüben dürfen.

Dies ist die Art, den Phowa auszuüben, ohne sich in Meditation zu versenken. Diese tiefgründige Methode, von der hier ein Auszug gegeben wird, muß von dem Mund eines Lamas empfangen werden, der sie im geheimen übermittelt. Ich habe dies nach Reden des Dordji Tchang, dem Meer der Weisheit, nachgeschrieben.

Es gibt zwei Arten von Phowas:

Den Phowa, der zum eigenen Segen geübt wird;

den Phowa für die Verstorbenen.

Der erste ist eine Art Richtlinie, die der Lama gibt über die – leichtverständliehe – Methode der letzten Vereinigung mit der Wirklichkeit.

Bei dem zweiten Phowa muß an einem beliebigen Ort, an dem einmal eine Vereinigung stattfand,[373)] in dem Augenblick, der als der günstigste erscheint,[374)] die Person des Yidam Jigdje angerufen werden. Aus dem Hum, der Frucht des Geistes dieses aufgerufenen Jigdje, entweichen Buchstaben in zahlloser Menge, die sich nach oben, unten und in alle Richtungen hin ausbreiten und ein Zelt bilden, das die Behausung des Toten umhüllt. Die Dämonen-Geister, die den Geist des Toten forttragen, sind unter diesem Zelt gebunden und können nicht fliehen. Der Leichnam ist unten, oben und von allen Seiten von zürnenden Gottheiten umgeben. So müssen die Dinge in Gedanken vorgestellt werden.

Da die Dämonen, die den Leichnam umgeben, gehindert werden, den Geist des Toten fortzutragen, sind sie erregt. Man muß ihnen Gsur (tsampa mit Butter getränkt) und Tormas darbringen und ihnen befehlen: Tut dem Namshes kein Leid und geht von hinnen! Wenn sie nicht gehen und sich widerspenstig zeigen, muß man aus seinem Herzen zahllose Towos entsenden und sich einbilden, diese würden die Dämonen über das Meer hinaus vertreiben.

Man wirft Sand und Senfkörner, über die Mantrams gesprochen wurden.

Dann stellt man sich verschiedene Gestalten vor, die hilfreich sein können auf dem Weg zur Befreiung von der Unwirklichkeit des Samsara und rezitiert die verschiedenen Rituale über den Bardo.

Als zweites wendet sich der zelebrierende Lama an den Verstorbenen und spricht zu ihm:

»Höre aufmerksam zu.«

Dann ruft er die Reihe der Lamas an, die der Kunst des Phowa kundig, jetzt das westliche Paradies der Großen Seligkeit bewohnen (Noub Dewatchen) und erfleht von ihnen den Segen, der die Übertragung (Phowa) wirksam werden läßt.

Die Bittformeln, die der Lama bei der Zelebration des Phowa aufsagte, muß er nun im Namen des Verstorbenen aussprechen und mit dem Ausdruck Hick beenden. Zu gleicher Zeit muß er

mit aller Kraft sich einbilden, daß der Namshes des Verstorbenen in den Geist des Eud pag med[375)] projiziert wird.
Er muß weiter sieben oder einundzwanzig Mal Hick ausrufen, bis er ein wirkliches Zeichen des Erfolgs bekommen hat.
Hiernach verläßt der Namshes den Eud pag med, in den er projiziert worden war, und dringt in eine Lotusknospe ein, während der Lama, der den Ritus zelebriert, seine Gedanken auf die wunderbare Wiedergeburt des Verstorbenen in einer Lotusblume im Paradies der Großen Seligkeit konzentriert.
Hierauf ruft der Lama Hick und Phet aus.[376)]
Von diesen beiden Silben ist Hick die wichtigere.

Durch den Strom, den Hick erweckte, wurde der innere Wind nach oben geschleudert. Nun muß er noch mit aller Kraft gestoßen werden, wie beim Spannen eines Bogens. Hick ist der Pfeil, der gegen den Geist gerichtet wird.
Dies muß mit tiefer Konzentration aller Gedanken geschehen.
Zum dritten muß man mit festem Willen die Wünsche wiederholen, die sich auf eine Wiedergeburt im Dewatchen beziehen.
Es folgt der sogenannte Phowa, der zur Buddhaschaft führt (zur Erleuchtung), ohne Hilfe der Meditation.
Die Lehre des Bardo muß auf folgende Weise gelehrt werden:

Du, Verstorbener, der du diese Welt überschritten hast,
Du bist tot, du hast deinen Körper fortgeworfen und noch keine neue Daseinsform gefunden!
In diesem Augenblick lebst du im Bardo.
Wer weiß das?
Die Früchte deiner verschiedenen Wahrnehmungen, die Gegenstände deiner Schrecken und Ängste werden dir erscheinen.

Dies ist ein sicheres Zeichen, daß du im Bardo bist.
Da der Wind der Erde mächtig wird, fallen die Berge zusammen und die Erde zittert, daß es laut dröhnt.
Der Wind des Wassers, der das Meer bewegt, wird den Klang der Wogen hervorbringen.
Der Wind des Feuers, das die Wälder anzündet, wird den Ton der Flammen hervorbringen.
Entgegengesetzte Winde, die sich bekämpfen, werden den Ton des Orkans hervorbringen.
Alle Töne werden Schrecken erregen.[377)]
Auch werden verschiedene Arten von Leiden sich erheben.
Das sind die sicheren Zeichen, daß du im Bardo bist.
Du wirst in Ländern dich befinden, die dir unbekannt sind.
Du wirst Wunder betrachten, die dich erfreuen.
Unmittelbar später erfaßt dich Angst.
Voller Bestürzung und Trauer wirst du unter zahllosen Gestalten Menschen deiner Bekanntschaft auftauchen sehen und Feinde, die du nicht kennst; die einen werden dir helfen, die anderen dir Schaden zufügen.
Dies ist ein sicheres Zeichen, daß du im Bardo bist.
Der heilige und wissende Yinien[378)] sagt in einem seiner Werke: »Du wirst mit dem göttlichen Auge[379)] das mächtige Trugbild der Dinge wahrnehmen. Da die Sinne ihre ganze Macht behalten, werden sie ihre Tätigkeit ohne Hindernis ausüben.«
Begabt mit dem göttlichen Auge wirst du an jedem beliebigen Ort die dort befindlichen Menschen sehen, aber sie werden dich nicht erblicken.
Du möchtest mit deinen Freunden und Verwandten sprechen, mit denen du einstmals zusammenlebtest, aber du erhältst keine Antwort.

Wenn du früher in ein entferntes Land fahren wolltest, mußtest du viel Zeit haben.
Jetzt bist du dort, sobald du in Gedanken es dir wünschst.
Grund hierfür ist die magische Kraft, die deinen vergangenen Handlungen innewohnt.
Dies ist ein sicheres Zeichen, daß du im Bardo bist.

An jedem beliebigen Ort, an dem du dich befindest, werden die Fähigkeiten deiner Sinne vollkommen sein, dein Körper aber wird keinen Schatten werfen.
Die Güte oder Mittelmäßigkeit des Ortes, an dem du wiedergeboren wirst und die Eigenschaften, die an deinen neuen Zustand gebunden sind, werden von der Kraft der vergangenen Handlungen bestimmt.
Mit Ausnahme des Dordji den[380)] und anderer vollkommen geweihter Tempel[381)]. kannst du ohne jedes Hindernis Berge, Grenzen, Gebäude und härteste Felsen durchschreiten.
Dies sind sichere Zeichen, daß du im Bardo bist.
Gehst du auf eine Wiedergeburt in schlechten Welten zu, siehst du dich einen steilen Abhang herabsteigen.
Gehst du auf eine Wiedergeburt in den Welten der Glückseligkeit zu, siehst du dich einen steilen Abhang hinaufsteigen.
Gehst du auf eine Wiedergeburt in einer der Höllen zu, siehst du schwarze Zelte, verdorrte Baumstümpfe, Rauch und Wasser.
Gehst du auf einen Aufenthalt der Seligkeit zu, wirst du reines Gold, Stoffe aus weißem Tuch und ein mondklares Weiß erblikken.
Dies alles wird sich dir ganz deutlich offenbaren.
Wenn dir Zeichen eine Wiedergeburt in den Welten der Glückseligkeit voraussagen, ist dies von besonderer Auszeichnung.

Wenn du Zeichen siehst, die eine Wiedergeburt in schlechten Welten voraussagen, fürchte dich nicht.

Die Wesen, die im Bardo sind, gleichen einem Schiff auf dem Wasser, dem es leicht ist, die Richtung zu wechseln.

Wenn Angst in dir erwacht, so wisse, daß alles, was du auch sehen magst, nur Ausstrahlungen deines Geistes sind. In Wahrheit liegt in diesem allen kein kleinstes Körnchen Wirklichkeit.

Ebenso wie man im Traum vom Feuer verbrannt wird, im Wasser ertrinkt, von Dämonen getötet wird, ist auch hier nichts zum Erschrecken.

Freunde, Verwandte, Güter, die dein vergangenes Leben ausmachten, haben dich aufgegeben.

Auch du hast sie aufgegeben.

Betrachte sie wie einen Traum, wie trügerische Erscheinungen.

Bleibe an nichts gebunden.

Wenn du an irgend etwas, was es auch sein mag, gebunden bleibst, vermagst du dich nicht aus der Welt der Angst zu befreien, aus der bösen Welt, in der Shindje (der König des Todes) herrscht.

Anmerkungen

1. Ralopa, der »Übersetzer«, *lo,* Abkürzung von *Lotsawa*, aus dem Land Ra.
2. Sehreibe: *Glug yul snge nam.*
3. Das ist: nicht töten; nichts an sich reißen, die moralischen Regeln im Sexuellen beachten; nicht lügen; nichts Hartes und Böswilliges sagen; nicht falsch Zeugnis geben; nicht eitle Rede führen; nichts begehren; nichts Schädliches anderen zufügen; nicht an falschen Meinungen hängen.
4. D. h. *Konchog Dordji,* aus dem Hoch(land) Ra.
5. *Rdo rdje dpal hdzom.*
6. Sie war eine *Dung tchen ma,* d. h. eine *khadoma* oder verkörperte Fee. Dies bewies das Zeichen der Muschel *(dung),* das sie auf ihrem Körper trug.
7. Geschnitzte menschliche Knochen, aus denen man Halsketten, Diademe, Schurze macht; sie werden von den symbolischen Tantrik-Gottheiten getragen. Bei ihrer Einweihung schmücken sich die *Nagspa* damit, um tantrische Riten auszuführen.
8. Die fünf symbolischen, mystischen Farben.
9. *Hdjam dpal dbyangs,* tibetischer Name des Mandjuçri.
10. Diese Erklärungen geben die Lehre des tibetischen Mahayana wieder.
11. *Tema (ltes ma),* wörtlich: »Etwas zu sehen«.
12. *Sprul sku.* Ein Individuum, das als Inkarnation einer Göttin gilt: ein Avatar. Allgemeiner: ein Wesen, von dem man annimmt, es sei die Inkarnation eines Heiligen oder einer hervorragenden Persönlichkeit. Die *Tulkus* bilden in Tibet eine religiöse Aristokratie.
13. *Rgyal gyi bla.*
14. Wenn Regen bei klarem oder sonnigem Himmel fällt, ist dies eine gute Vorbedeutung.
15. Der Sonnenschirm ist ein königliches Attribut. Man hält ihn ausge-

spannt über den Kopf bedeutender Persönlichkeiten, über Gottheiten und ihren Bildern.

16. *Dpal lden rdordji lhamo,* die schrecklichste der weiblichen Gottheiten des tantrischen Pantheon.
17. Der Text macht verwirrende Angaben über die Zeit, die während des Fluges von Ralopa verging, läßt aber erkennen, daß es nur eine kurze Zeit war.
18. »Durch ein Wunder geboren«, oder »Auf wunderbare Weise geboren«, *Ngo tsar hbyng gnes su.*
19. *Htchhi med dordji.*
20. Nach allgemeinem buddhistischen und hinduistischen Glauben sind dies die durch Wiedergeburten aufeinanderfolgenden Leben.
21. Die grundlegende Lehre des Buddhismus besagt, daß außerhalb der Teile, die die Dinge ausmachen, nichts in ihnen vorhanden ist, was »das Ding an sich« sei. Ebenso gibt es kein Ego im Individuum.
22. Annähernd so zu verstehen: Man betrachtete ihn, als sei er schon volljährig.
23. Der hier besonders angeführte Ritus scheint sich auf Phurbu (sprich Purbu) zu beziehen, eine Gottheit, die Vrihaspati der Hindus entspricht. Dieser Gott soll der Lehrer der Götter sein. Die Tibeter geben ihm den gleichen Titel in ihrer Sprache: Lhai Lama. Sie bezeichnen diesen auch mit dem Titel *Rigdje dag (Rig bye dbdag),* den »Besitzer der Wissenschaft«.
24. Teilweises oder vollkommen zurückgezogenes Leben ist in Tibet sehr hoch geachtet. Der *tsamspa (tsams (mtsams) – begrenzt),* der zeitweilige oder lebenslängliche Einsiedler lebt in einer Einsiedelei *tsamskhang,* die abseits liegt. Es gibt verschiedene Arten von *tsams.* Der Einsiedler kann die Erlaubnis erhalten, mit den ihm dienenden Schülern oder Diener in Berührung zu kommen, aber er darf weder mit ihnen reden noch sie sehen und das Essen wird ihm gebracht, während er zurückgezogen lebt.
    Strengere Einsiedler leben allein in Höhlen oder in Hütten, sehr hoch auf Bergen in unbewohnten Gegenden. Einige wohnen auch in vollkommenem Dunkel. In weniger strenger Ausübung genügt es, wenn sich der Einsiedler in einem oder zwei Zimmern seiner Wohnung zurückzieht und keinen Besucher zuläßt. Da er sich an das Schweigen hält, erbittet er schriftlich von einem Diener die Sa-

chen, die er nötig hat. Jeder Lama von einiger Wichtigkeit muß mindestens einmal in seinem Leben während drei Jahren, drei Monaten, drei Wochen und drei Tagen hintereinander als Einsiedler leben.

Der Autor dieser Übersetzung verbrachte eine fast gleiche Zeit in einer Einsiedelei 3900 Meter hoch.

25. Der Text heißt *shal,* wörtlich: »Das Gesicht«. Es handelt sich um die Erscheinung der Gottheit – oder des Dämon –, auf die der Zurückgezogene (der *mtsams pa)* seine Gedanken gerichtet hat oder die er versöhnen will. Siehe hierzu: »Unter Mystikern und Magiern Tibets und lamaistischen Eingeweihten« von A. D. Néel.
26. »*Ton Lama*« bedeutet dein Meister und geistiger Führer. Derjenige, mit dem man okkulte psychische Beziehungen hat, die ihn zu dieser Rolle bestimmen.
27. Orthographisch: *Mar med mdzed dpal:* Dies entspricht auf Tibetisch dem Sanskrit-Namen: *Dipankara.* Es ist derjenige, der *dze* »macht«, der die »Lampe« besorgt *(marme),* d. h. bildlich »erleuchtet«.
28. *Ting nge hdzin* bedeutet wörtlich: »die Tiefe erfassen«, bildhafter Ausdruck, der besagen will: »zum Verständnis der wirklichen Natur der Dinge kommen«, über die Erscheinungen hinausgehen, unter die Oberfläche blicken, das Ziel der buddhistischen Meditation.
29. *Solwa tab (gsol wa btab)* drückt eher einen Wunsch aus, der, wenn er einem starken Willen entspricht, die notwendige Energie hervorbringen soll, um den gewünschten Erfolg zu erlangen. Es handelt sich nicht darum, die Hilfe einer äußeren Kraft, einer Gottheit oder anderer anzurufen.
30. *Lung ten (lung bstan),* ein Wort, das auch »Vorhersage« bedeutet.
31. Der Text verändert hier den Namen des Lama, der zuvor Marmedze hieß. Man könnte annehmen, daß der Autor des Berichtes aus verschiedenen Biographien schöpfte.
32. *Tchog gi gneudub (mtchog gi dgnos grub),* d. h. Erlangen dessen, was man wünscht. Der Ausdruck *gneu (dgnos)* bedeutet: »Wirklichkeit« oder »die Sache an sich«. Im allgemeinen benennt man auf diese Weise die Tatsache, daß man geistige Erleuchtungen eines Buddha empfängt, als Ergebnis langer Meditationen.
33. Orthographisch: *Mkhah hgroma,* wörtlich: »Ein Spaziergang in

den Himmel« oder »der in den Himmel geht«. Das ist der tibetische Name der indischen Dakinis, der Feen im volkstümlichen Glauben, die aber esoterisch Offenbarungen der Shakti, der Mutter des Weltalls, der Göttin der Energie sind.

34. *(Sho)* ist der zehnte Teil eines *sang* (chinesische Unze).
35. *Pawo,* schreib *Dphawo,* wörtlich ein Held, ein unerschrockener Mann. Diese Bezeichnung wird gewöhnlich für Wesen angewendet, die angeblich eine Zeitlang von Göttern, Dämonen oder den Geistern Verstorbener besessen sind.
36. *Turteu,* schreib *Dur khrod,* wörtlich: Friedhof, Ort der Begräbnisse. Acht große historische Friedhöfe im Land Magadha (Zentralindien) werden in buddhistischen Büchern erwähnt. Diese befinden sich in Wäldern, deren Bäume in jedem Friedhof verschieden sind.
    Die tantrischen Yogis suchen sich die Friedhöfe als Orte der Meditation aus. Bestimmte Friedhöfe sind besonders berühmt, da man annimmt, in ihnen wohnten furchtbare Gottheiten aus anderen Welten. Sie wurden zu Pilgerorten für Tantrik-Yogis, die sich in Mut üben wollen oder um sich mächtige und sehreckensvolle Wesen, denen man dort begegnet, zu unterwerfen, und diese sich dienstbar zu machen.
37. Vier Hügel ermöglichen das Überschreiten der Bergketten, um in die benachbarten Täler zu kommen.
38. Die kleine chinesische Violine mit zwei Saiten.
39. Orthographisch: *Grub thob.* Bezeichnet im allgemeinen einen Mann, der übernatürliche magische Kräfte besitzt.
40. Man stellt in Tibet keine Seidenstoffe her. Die dort verkauft werden, stammen aus China. Hier werden die Seiden nicht zusammengefaltet, sondern gerollt.
41. Andeutung an den Befehl, den Ralopa ganz zu Anfang im Traum empfangen hatte, und den auszuführen, seine Eltern, nicht erlaubten.
42. In Tibet ist es üblich, daß dem geistigen Führer, der den Schüler belehrt oder ihn einweiht, Bezahlung gegeben wird. Der Ausdruck, den wir unrichtig mit »Einweihung« übersetzen, ist *angkur,* geschrieben: *dbang bskur:* »Übermittlung von Macht«. In Wirklichkeit handelt es sich nicht um Belehrung, sondern um Mitteilung

von Energie, die dem Schüler die Möglichkeit gibt, eine bestimmte Lehre zu verstehen oder bestimmte Taten zu vollbringen.

43. Das Gold das man ihm bei seinem Fortgang aus Tibet gegeben hatte, und das er vielleicht noch unterwegs dazu gewann.
44. Eine klassische Behauptung in der religiösen Sprache, die bedeutet, daß man sich ganz hingibt: »mit Körper und Seele« würden wir sagen.
45. *Gyur dog,* orthographisch: *hgyur bdog.*
46. Eine symbolische Zeichnung in Art eines Kreises, auf den die Opfergaben und verschiedene Dinge gelegt werden.
47. *Sadhanas* (der Ausdruck stammt, wie die Übung, aus dem Indischen) sind vorbereitende Riten oder auf einer höheren Stufe verlängerte Riten, in deren Verlauf die Willenskraft des *sadhaka* eine Gottheit zwingt, seinen Wünschen entgegenzukommen. Bestimmte Sadhanas, die jede Hilfe von Gottheiten ausschalten, suchen die gewünschten Erfolge allein durch eine lange Gedankenkonzentration zu erreichen. Tantrik ist eine philosophische Schule mit zahlreichen verschiedenen Zweigen.
48. *Hphags pa shing kun:* Swayambunath aus Nepal (vgl.: A. D. Néel, »Im Herzen des Himalaya«).
49. Die Wissenschaft der schönen Sprache. Die Wissenschaft der religiösen Riten. Die Wissenschaft der Offenbarung, die die Worte der Veden zur Autorität erklären. Die Wissenschaft der liturgischen Texte. Der Partner Ralopas als ein Meister in der Religion der Brahmanen führt die Wissenschaften an, die diese lehren.
50. *Phyi rol pa.*
51. *Thanka,* eine Seide ohne Rahmen, die sich aufrollen und entrollen läßt wie die *kakemonos* der Japaner. Alle chinesischen und tibetischen Bilder sind dieser Art.
52. Eine alte tibetische Form, um seine Achtung auszudrücken. Sie wird immer angewandt für religiöse Denkmäler, die die Frommen ehrfurchtsvoll umschreiten.
53. Wörtlich: Nachdem man das Herz verworfen hat, bindet man sich an einen geringeren Teil.
54. Formeln, die bestimmte Wirkungen ausüben sollen. Ursprünglich beruhen sie auf Wellen, die der Ton hervorbringt, der im Stoff

Schwingungen verursacht. Die Wirkungen entstehen in der grobstofflichen Materie oder geistigen Substanz.

55. Die verschiedenen Buddhas, die in den vergangenen Zeiten erschienen sind, die gegenwärtig leben oder in der Zukunft erscheinen werden. Nach anderer Auffassung der Buddha des Weltalls, für den die Zeit nicht besteht und der in ewiger Gegenwart regiert.
56. D. h. daß derjenige, der zu dieser Erkenntnis aufsteigt, nicht der vielfachen aufeinanderfolgenden Leben bedarf, sondern in einem Augenblick Erleuchtung empfängt.
57. *Dordji Djigs dje (Rdo rdje hdjigs byed).* »Der Schrecken hervorruft.« Es ist Bhairaya (eine Form von Shiva) der Hindus. Die Tibeter verbinden mit ihm Legenden und philosophische Begriffe, die etwas verschieden sind von den in Indien üblichen. Es ist die furchtbarste Persönlichkeit des lamàistischen Pantheon.
58. *Bsod nam,* Verdienst, durch Übung tugendhafter Handlungen erworben. Oft aber im Sinn von glücklichem Zufall, der aus guten Taten vergangener Leben entstanden ist.
59. Kahdomas.
60. Ein Mandala.
61. Ralopa fürchtet Ereignisse, die nach dem Tod folgen könnten: eine unglückliche Wiedergeburt als Folge schlechter Taten, die er begehen würde. Die Menschen des Westens mögen keine Beziehung zwischen der Angst vor den Folgen nach dem Tod und der Kenntnis einer Lehre erblicken. Für die Inder und Tibeter aber bilden die glücklichen oder unglücklichen Wiedergeburten Teil des Blendwerks einer Welt der Illusion, die unser Geist erschafft und die nicht außerhalb von ihm Bestand hat. Das Verständnis der tiefen Lehren zerstreut diese Illusion und mit ihr vergehen die sie begleitenden Gefühle der Furcht, die nun gegenstandslos geworden sind.
62. Ein *amtcheu (a mtchod)* ist ein Kaplan. In Tibet unterhalten viele reiche Leute bei sich ein Mitglied der Priesterschaft, dem das tägliche laute Vorlesen der heiligen Schriften und das Zelebrieren verschiedener Riten zum Heil des Hausherrn obliegt. Ist dieser Kaplan überdies gebildet in den religiösen Lehren, wird er zum geistigen Führer seines Herrn.
63. *Nang sid (snang srid),* die Welt, die »in Erscheinung tritt«, die aus Erscheinungen besteht.

64. Die fünf Gifte werden verschieden bezeichnet: gewöhnlich sind es: 1) Leidenschaftliches Begehren, 2) Haß, 3) geistige Stumpfheit, 4) Stolz oder Egoismus, Bindung an das individuelle Ich, 5) Neid und Eifersucht. Diese fünf Gifte »trinken«, bedeutet symbolisch, daß Ralopa sie aufgenommen und verdaut hat, anstatt sie zurückzuwerfen. Dies vermochte er durch die Kraft der richtigen Erkenntnis, die den irrationalen Charakter der giftigen Empfindungen aufzeigt, Er hat die übeltäterische Substanz in Weisheit verwandelt, die, nach Ralopas Worten aus der letzten Rede an seine Schüler, Erleuchtung bringt. Hier werden die »fünf Weisheiten«, die den fünf Giften folgen, durch die Farben des Himmelsbogen dargestellt, die für den Tibeter fünf sind.
65. Dies ist der *Narbu gneu dud pung djom* (geschrieben *nor bu dgos hdod spungs hdjom),* den die Schlangen-Gottheiten, die Nagas in den Tiefen des Meeres bewachen.
66. Unsere vier Himmelsgegenden, die dazwischen liegenden Punkte, Zenit und Nadir.
67. *Ngo skya,* mattes Grün. Ich nehme an, daß der Autor des Textes ein fahles Grau-Blau meinte, da dieser Asket mit Asche angestrichen war, ein sehr üblicher Brauch.
68. Sie erlauben, Almosen zu geben, dem Nächsten auf verschiedene Art zu helfen und bewahren vor den Versuchungen, die die Armut hervorruft.
69. Orte der Leichenverbrennung.
70. Indische Tempel, die nicht nur ein einziges Gebäude, sondern mehrere in Hof und Garten verstreute umfassen und von einer Ringmauer umgeben sind.
71. *Gnam thang byema khrung hgram.*
72. *Hur-hur (sgyur-sgyur).*
73. Es gibt drei Arten der Unterweisung: 1) Unterweisung durch Schweigen. Der Schüler versteht durch Telepathie, was der Meister ihn lehren will. 2) Unterweisung durch Zeichen, deren Bedeutung der Schüler verstehen muß (die zu Zen gehörenden Japaner machen auch hiervon Gebrauch). 3) Auf einer niederen Stufe die Unterweisung auf gewöhnliche Art durch Reden, denen der Schüler lauscht. (Vergl. »Lamaistische Einweihungen«.)
74. Diese Lederboote sind auf den tibetischen Gewässern üblich.

75. *Bodhi:* Höchste Erkenntnis.
76. *Tsogs kor (tsogs hkor),* ein Kreis von Opfergaben an die Gottheiten, deren Darbringung manchmal von einem rituellen Bankett begleitet wird.
77. *Ta tang shig dzed pa* (orth.: *lta stangs shig mzad pas).* Ein technischer Ausdruck, der dem Wörterbuch der magischen Wissenschaften angehört. *Tatang* machen heißt, eine bestimmte Haltung annehmen und seinen Blick mit einer magnetischen Kraft laden, die in diese Kunst Eingeweihte hervorzubringen vermögen.
Es gibt verschiedene Arten von *ta tang,* die sich in zwei Teile einordnen lassen: das segensreiche *ta tang,* das zu erfreulichen Ergebnissen führt für den, gegen den es gerichtet wird, und das schreckliche *ta tang,* dessen Ziel es ist, Böses zu verursachen, zu erschrecken und zu zerstören. Letzteres wird in Riten angewendet, die die Dämonen zu unterwerfen, Feinde zu vertreiben oder zu töten suchen.
Eine Abart des *ta tang* besteht darin, daß sich der Meister in einer anderen als der eigenen Gestalt zeigt, im allgemeinen unter einer der schrecklichen Gestalten seiner Schutzgottheit *(Yidam),* um diejenigen, die ihn sehen, zu erschrecken. Man erzählt, daß die in der Kunst des *ta tang* Eingeweihten diese in gefährlichen Situationen anwendeten, indem sie als drohender Gott den Wegelagerern erschienen, die sie angreifen wollten und diese dadurch in die Flucht schlugen.
78. Die *kyilkhors* sind entweder einfache geometrische Figuren, die auf Papier oder Stoff gezeichnet werden oder wirkliche Konstruktionen in Form einer kreisförmigen Mauer, in die symbolische Zeichnungen eingegraben sind, die Türen, Wohnungen usw. darstellen sollen. Opfer an Nahrung, Wasser, Weihrauch usw. werden auf bestimmte in der Zeichnung festgelegte Orte hingestellt. *Tormas* sind Kuchen aus feuchtem Mehl. Es gibt riesig große und sehr kleine. Je nach dem für sie bestimmten Gebrauch sind sie dreieckig geformt oder gleichen Zuckerbrot. Bestimmte *tormas* nehmen die Stelle von Menschen ein: von der Göttin, die dem *kyilkhor* vorsteht, dem geistigen Meister desjenigen, der den Ritus ausübt, der Diener der Gottheit usw. Andere *tormas* stellen die Nahrungsmittel dar, die der Gottheit oder dem geistigen Lehrer als Opfer dargebracht wer-

den. Die oben gegebene Beschreibung bezieht sich auf die großen *kyilkhors,* die bei mehr oder weniger festlichen Gelegenheiten, wie bei der hier dargestellten, angewendet werden. – *Khadomas* sind *pawos* (Helden), eine Art Halbgötter, Genien.

79. Orthographisch: *Hjam dpal Shin rdje.* D. h. Jampal (Sanskrit: Manjuçri) in seiner Eigenschaft als Gott der Toten: Shindje (Sanskrit: Yama).
80. Tantras, von denen es eine große Anzahl sehr verschiedener Art gibt, sind entweder philosophische Auszüge oder Werke über mystische und magische Methoden, die in der Lage sind, die Gottheiten zu versöhnen oder übernatürliche Kräfte zu gewinnen. *Sadhana,* das die Tibeter *Dubthab (hgrub thabs)* nennen, bedeutet Mittel des Erfolgs. Dies sind Riten, manchmal mit Meditation untermischt, die für geeignet gehalten werden, gewisse Ergebnisse hervorzurufen wie die Hilfe der Gottheiten zu sichern, Dämonen zu unterwerfen, übernatürliche Kenntnisse und magische Kräfte zu gewinnen.
81. Die »Drei Körbe«, ein Ausdruck, der die drei Abteilungen der buddhistischen Lehre bezeichnet, die 1. die Reden enthalten, die Buddha oder seine Schüler hielten, 2. die philosophischen Lehren und 3. die Klosterdisziplin. Die Tibeter fügen noch eine vierte Abteilung hinzu, die ursprünglich tantrische Werke über Philosophie und Magie behandelt.
82. *Bardo,* wörtlich »zwischen zwei«, ist der Zwischenzustand zwischen Tod und neuer Geburt. Dies ist einer der ursprünglich nicht buddhistischen Glaubensvorstellungen, die die Tibeter in ihre besondere Form des Tantrik-Buddhismus eingefügt haben.
83. *Tsogs khor* ist eine rituelle Opferung und zu gleicher Zeit ein mystisches Bankett, an dem die Gläubigen teilnehmen. Der Ritus wurde wahrscheinlich in Tibet angenommen als Nachahmung der *tchakra* der indischen *Tantriks. Tsogs khor* wird nach einer symbolischen Zeichnung gebildet.
84. *Tchag gya ma* sind weibliche Adepten der Lehre des *Tchag gya tchempo (phyag rhya tchenpo),* einer ursprünglich tantrischen Lehre, die gewisse mystische Formen eines sexuellen Vereinigungsritus einschließen.
85. *Jigsdje (Hdjigs byed)* bedeutet in den esoterischen Lehren die Zerstörung, die auf verhängnisvolle Weise jedem durch Wunschkraft

Geschaffenen folgt. – Vergl. David Néel, die »Lamaistischen Einweihungen«.

86. Bardo: Vergl. Anm. 134.
87. *Shimpa (gshin pa)* ist der entkörperte Geist eines Toten, der häufig übeltäterisch ist, eine Art von Dämon, ein Inkubus oder Succubus.
88. Der Berg Meru in Indien als Mitte der Welt.
89. *Dubtob (grub thob),* »der Erfolg erlangte«, ein Magiker und Wundertäter.
90. *Digs mdzub.*
91. *Nyima thang.*
92. *Mdo mang.* Ein Band, der eine große Anzahl von Reden *(mdo)* enthält, die Buddha oder einigen seiner Schüler zugesprochen werden.
93. Der grunzende Ochse mit langem Fell.
94. Wörtlich: Eunuch.
95. Die Mehrzahl der tibetischen Häuser hat einen Innenhof. Die Gebäude, die ihn umgeben, sind in ihrer ganzen Länge mit Balkons versehen, die Galerien bilden, auf die hin die Zimmer sich öffnen.
96. *Mtchod rten:* ein religiöses Denkmal von sehr verschiedener Größe, früher dazu benutzt, die Überreste einer wichtigen Persönlichkeit aufzubewahren. Heute kann es Statuen von Gottheiten einschließen, heilige Bücher usw. *Chörten* ist die Nachbildung der indischen *dagobas.* Um ein religiöses Gebäude herumgehen, wird als eine Tat angesehen, die Verdienste schafft.
97. *Gtorma,* vergl. Anm. 78.
98. *Dge slong,* wörtlich: ein tugendhafter Bettler. Mit diesem Namen werden tibetische Mönche bezeichnet. Dies entspricht dem Sanskrit-Ausdruck *bhikshu,* in Pali *bhikkhu.*
99. *Sadhana,* vergl. Anm. 80.
100. *Portche* (geschrieben: *bar tchad),* etwas Hinderndes.
101. *Kah Tchieud (mkah spyod).*
102. *Shing Khams.*
103. Vgl. Anm. 83.
104. *Dub pas (grub pa).* »Die Erfolg erlangten«.
105. Tibeter und Inder glauben, daß die großen Yogis die Kraft besitzen, die materiellen Elemente, die ihren Körper bilden, in eine feinstofflichere Substanz umzubilden. Im Westen wird dies ein »verklärter Körper« genannt.

106. »Der vollkommene Heiterkeit erlangt hat«, tibetischer Name der Yogis.
107. Wörtlich ein »Guru aus Sandelholz«, d. h. kostbar wie Sandelholz.
108. *Gyab gön.* Gottheiten und häufig Dämonen, die unterjocht und gezwungen wurden, sich durch ein Gelübde zu verpflichten, die buddhistische Lehre und ihre Meister zu beschützen.
109. *Dordjiden (Rdor dje gdan), Buddha Gaya,* in Indien der Ort, an dem nach der Tradition Buddha die höchste geistige Erleuchtung empfing.
110. Ein ritueller Dolch.
111. Wir begegnen entsprechenden Tatsachen in den zahlreichen Biographien der tibetischen Heiligen oder Magier. Auf intellektuelle Fragen, die ihnen gestellt werden, antworten sie mit Wundern, die überhaupt keine Beziehung zu den gestellten Fragen haben. Milarepa tat dies mit seinem Schüler Restchungpa. Diese Art der Beweisführung scheint die Mehrzahl der Tibeter zu überzeugen.
112. *Kyit tchu* ist der Fluß, der durch Lhasa fließt.
113. Er hatte seinen Körper verkürzt, ein Wunder, das den heiligen Magiern Tibets zugesprochen wird.
114. Ähnlich denen, die die Lamas anziehen, wenn sie die »Mysterien« spielen und zu den symbolisch rituellen Tänzen im Kloster schreiten.
115. Die kleine Grube, in der die Opfergaben verbrannt werden. Eine Nachbildung des *homa* der Inder.
116. Vergl. Anm. 64 über die fünf Gifte. Die hier dargelegte Theorie ist die gleiche. Es handelt sich darum, zu erkennen, daß dieselbe Energie, die sich in den Leidenschaften und im Irrtum ausdrückt, sich auch als Weisheit offenbaren kann. In diesen Leidenschaften findet der hellsichtige Geist die Fundamente seiner intellektuellen oder geistigen Befreiung. Dies ist eine der grundlegenden Lehren der Sekte des *Dzogs tchen* (der Großen Vollendung) und der Sekte der *Tchags gya tchenpo* (Großen Geste), zu der Ralopa gehörte.
117. Anrufung des Autors an den himmlischen Herrn, den Schutzherrn der Gebildeten. Wie häufig bei ähnlichen Fällen wird er mit dem Sanskrit-Namen Manjuçri bezeichnet. Sein tibetischer Name ist *Djampal yang* (orthographisch: *hdjam dpal dbyangs).*
118. »König der Lotusblumen«. Er ist nicht mit Padma Gyaipa (»der die

Lotusblumen liebt«) zu verwechseln, der auch in der Erzählung erwähnt wird.

119. Der tibetische Ausdruck ist *tchos* (sprich *tscheu*), der »religiöse Lehre« bedeutet und auch »die Dinge« im allgemeinen. Die Lehre ist die Lehre Buddhas:

120. In Tibetisch: *korwa* (orth.: *hkhor ba*), besser bekannt unter dem Sanskrit-Namen *samsara*. Dies ist die unaufhörliche Abfolge von Geburt und Tod, denen die Menschenwesen und alle Dinge unterworfen sind. Es ist das Gesetz der Anhäufungen und Auflösungen, die sich unaufhörlich folgen und die Welt ausmachen.

121. *Dubtob* ist der Name, den die Tibeter denen geben, die übernatürliche Mächte besitzen sollen (orth.: tibetisch: *grub thob)*, wörtlich: »Derjenige, der den Erfolg erlangt hat«.

122. Die Bodhisattvas, sehr erleuchtete und vollkommene Wesen, die in einer neuen Inkarnation Buddhas werden können. – *Chang thub sems pas* ist ihr tibetischer Name. (Orth.: *byang tchub sems dpah.)*

123. Der geschichtliche Buddha ist im Klan der Sakyas geboren.

124. Man weiß, daß nach Ansicht der Buddhisten der geschichtliche Buddha Siddharta Gautama nicht der einzige Buddha ist, der in unserer Welt erschien. Andere hervorragende Persönlichkeiten seiner Art haben vor ihm gelebt und andere werden ihm folgen. Hier handelt es sich nur um Buddhas, die die Lehre predigen. Nach den Theorien des Mahayana-Buddhismus ist jeder von uns seinen Möglichkeiten nach ein Buddha und kann den Zustand der vollkommenen geistigen Erleuchtung erlangen, die einen Menschen zum Buddha macht. Es kann eine Anzahl solcher anonymer Buddhas geben.

125. Die sieben Arten von Wesen: die Götter *(Lha);* die *Lhamayins* (Art Titanen); die Menschen *(mi);* die *Mimayins* (Genien, Feen usw.); die Tiere; die *yidags* (unglückliche stets ausgehungerte Wesen); die Bewohner der Welten des Schmerzes (Höllen).

126. »Das Rad des Gesetzes drehen« ist ein symbolischer Ausdruck und bedeutet die Lehre predigen.

127. Die *gyalwas (rgyal ba),* die tibetische Entsprechung des Sanskrit-Wortes: *jina.*

128. Entsprechung zur Hölle, deren Bewohner aber nicht verdammt

sind, dort ewig zu bleiben. Sie sterben nach einem mehr oder weniger langen Leben und werden, ihren Werken entsprechend, in anderen Bedingungen wiedergeboren. Es handelt sich hier um einen volkstümlichen buddhistischen Glauben.

129. Die *Yidags (Yidbags),* in Sanskrit *Pretas,* sind Wesen von gigantischem Körper und einem fadenförmigen Hals, Ihr Mund hat eine so winzige Öffnung, daß kaum eine Nadel hineingeht. Da sie nicht fähig sind, die Menge an Nahrung aufzunehmen, die ihr riesiger Körper brauchen würde, leiden sie unaufhörlich an Hunger und Durst.
130. Die *Lha ma yin* sind die *Asuras* der Inder, die Titanen, die die Wohnungen der Götter *(Lha)* zu erobern trachten.
131. Ebenso wie der Aufenthalt in den Höllen nicht ewig ist, ist auch der Aufenthalt der Götter im Paradies zeitbedingt. Er endet, wenn die Summe der Verdienste, die diese glückliche Wiedergeburt verursachte, erschöpft ist.
132. Kloster *(gompa)* der »Augentropfen«.
133. Ähnliches Verschwinden wird in den Biographien verschiedener religiöser Persönlichkeiten erwähnt. Es soll durch Yoga-Übungen ausgeführt werden, die die Auflösung der die Materie bildenden Elemente bewirken.
134. Bardo – wörtlich »zwischen zwei« – ist nach den Tibetern die mehr oder weniger lange Zeitdauer, die zwischen Tod und Wiedergeburt eines Menschen verläuft. Während dieser Zeit soll der Verstorbene Visionen schauen, die der Reise durch ein phantastisches Land gleichen. Diese Visionen werden genährt durch Erinnerungen an Ereignisse und Gedanken, die das Leben vor dem Tod beschäftigten.
135. *Lus* (orth.: *klu)* sind die Nagas der Inder.
136. *Ting gne dzine* (orth.: *ting gne dhzin)* bedeutet wörtlich: »die Tiefe erfassen«, d. h. die Wirklichkeit erfassen, die Wahrheit erkennen. Dieses ist der höchste Grad der Meditation, der etwa dem Samadhi der Inder entspricht.
137. Wilde Esel, von denen es zwei Arten in Tibet gibt.
138. Spinnen.
139. Schlangen-Gottheiten, die in Tibet *lus* (orth.: *klu)* heißen. Sie werden oft in den tibetischen Texten mit ihrem indischen Namen *naga* bezeichnet.

140. Ein Fabelvogel, den die Inder *garuda,* den König der Vögel nennen.
141. Diese Schlange ist eine Kobra, die, aufgestört, ihren Kopf aufbläst. Dies gleicht einer Kapuze.
142. Die *meulam* (orth.: *snon lam),* die in Tibet die Stelle der Gebete einnehmen. Denn die Tibeter, die Buddhisten sind, beten nicht im Sinn dieses Wortes, so wie die Menschen des Westens es verstehen.
143. *A-kha-kha* ist ein tibetischer Ausdruck, der gewöhnlich Traurigkeit bedeutet.
144. Die Familie im weitesten Sinn, einschließlich Eltern, Vorfahren, Nachkommen und die Seitenlinien.
145. *Korlo gyur wai gyalpo* (orth.: *hkhor lo sgyur bai rgyal po),* Entsprechung zu dem Sanskrit-Wort *tchakravarti raja.* Bedeutet einen Herrscher, der über die ganze Welt nach den Grundregeln der buddhistischen Lehre herrscht und diese verbreitet.
146. Vergl. Anm. 3.
147. In den vielen Leben, die, wie man annimmt, auf dieser Erde oder in anderen Welten sich folgen.
148. Die *jinas,* ein Titel, der den Buddhas gegeben wird.
149. Lebende Opfer darbringen.
150. Während sie glauben, daß sie sich durch die Gunst der Götter glückliche Wiedergeburten bereiten, betreten sie im Gegenteil den Pfad, der zu Wiedergeburten unter mühevollen Bedingungen führt.
151. D. h., daß sie Beute sind der Furcht und unter ihrem Einfluß handeln.
152. Der Sonnenschirm ist ein Attribut des Königs oder Symbol der Erhabenheit des Gegenstandes, den er schützen soll.
153. Das Kloster der »Hunderttausend Bilder« *(sku hbum).* Eine Bezeichnung, die von einem wunderbaren Baum stammt, auf dessen Blättern die Bilder und Buchstaben eingeprägt waren.
154. Orth.: *Dge hdun grub,* der Gründer der Hierarchie der Dalai Lamas (1391–1474).
155. Geistig sehr entwickelte Individuen, die in ihrer neuen Inkarnation vollkommene Buddhas werden können.
156. Die zehn Grade der Vollkommenheit der Bodhisattvas, verglichen mit Wohnorten: 1) Seligkeit; 2) vollkommene Reinheit; 3) Klarheit;

4) Erleuchtung; 5) Unbesiegbarkeit; 6) Befreiung; 7) Großes Vermögen; 8) Unveränderlichkeit; 9) Lauterkeit des Denkens; 10) Wolke der Lehre.

157. Perioden der Weltendauer, die auf zahlreiche Milliarden unserer irdischen Jahre geschätzt werden.

158. Vergl. Anm. 126.

159. Im Tibetischen wird Indra Gya-djin *(rgya byin)* und Brahma *Tsangs-pa* genannt.

160. Die vom Autor gegebenen Daten unseres Textes beziehen sich auf den sino-tibetischen Kalender und sind phantastisch. Nach dem buddhistischen Kalender befinden wir uns augenblicklich, d. h. im Jahre 1952, im Jahr 2496 der buddhistischen Ära. Dies ergibt etwa 544 v. Chr. als Todestag Buddhas. Tsong Khapa wurde gegen 1356, also etwa 1890 Jahre nach Buddha geboren. Im allgemeinen nehmen die Tibeter das Leben Buddhas zu einer viel früheren Zeit an als dies nach ernstesten Forschungen der Fall ist.

161. Auszusprechen *Peu yul,* Land des Peu, das der Westen Tibet nennt.

162. Diese Bezeichnung beruht auf folgender Tatsache: Früher wurden die in diesem Gebiet liegenden Lehen den Prinzen der königlichen Familie zugeteilt (die Dynastie der tibetischen Herrscher endet mit dem König Lang Dharma, der von einem Lama im neunten Jahrhundert ermordet wurde). Diese Lehen lagen in den Distrikten von Purang, Shangshung und Mangyul, dichterisch ausgedrückt als: »Purang, von Schneegipfeln umgeben«; »Shangsung (alias Guge), von felsigen Klippen umgeben«; »Mangyul mit den zahlreichen Teichen«. In Tibetisch heißt das Wort »umgeben« *kor* (orth.: *bskor).* Daher der Name *Korsum,* die drei »Umgebungen«, der dem Distrikt von Ngari heute einschließlich der Provinz Tsang gegeben wird. Es ist ein riesiger Bereich ohne bestimmte Grenzen, das im Süden an Indien und Nepal reicht, im Westen an Kashmir und Ladak grenzt, während der Norden an die chinesische Provinz von Sinkiang angrenzt.

163. In tibetischer Orthographie: *dbus gtsang gi ru bji.*

164. Es heißt, daß früher das untere Tibet nur von Vögeln bewohnt war. Daher der Name: »Land der Vögel« *(bya yul,* sprich *tcha yul).* Legenden berichten von diesem »Land der Vögel« und den gefiederten Menschen, die dort wohnten.

165. Seither verlor er an Bedeutung. Als ich an seinen Ufern lebte, war er nur ein durchschnittlicher Wasserlauf.
166. Ngari war die Wohnung der Edlen. Vergl. folgende Anm.
167. Der Distrikt von Amdo, in dem die Familie des Tsong Khapa lebte, wird von einer sehr gemischten Bevölkerung bewohnt: von Chinesen, Mongolen, Tibetern und Ortsstämmen, zu denen Tsong Khapa vom Stamm der Lu Bum *(klu hbum)* gehörte. Bis heute sind nur die Glieder dieses Stammes geeignet, Verwaltungsposten des großen Klosters von Kum Bum einzunehmen, das an der Stelle errichtet wurde, auf der Tsong Khapas Geburtshaus stand.
168. Das heißt gegen Menschen, Tiere und auch den unglücklichen Wesen gegenüber, die anderen Welten angehören und unter Hunger leiden. Nach volkstümlichem Glauben ist es möglich, ihre Qualen zu mildern, indem man ihnen Wasser und eine ganz kleine Menge Nahrung reicht, über die rituelle Segensformeln gesprochen wurden. Diese unglücklichen Wesen heißen *yidags*.
169. Der *Tcheu geu (tchos gos)*, die Mönchstoga, die aus zusammengenähten Stoffstücken besteht und symbolisch an die Lumpen der ersten buddhistischen Asketen erinnert. Die Mönche, die dem südlichen Buddhismus, Ceylon, Burma usw. angehören, tragen sie ständig. Die lamaistischen Mönche ziehen sie nur an, wenn sie den Versammlungen beiwohnen, in denen die kanonischen Bücher rituell vorgetragen werden.
170. Eine Art Rock, der, sehr weit, aus einem langen Stoffstück hergestellt, von den Lamas um ihren Gürtel gelegt wird und bis zu den Füßen reicht.
171. Wörtlich: ein »Haus der Opferung«. Es ist das Zimmer, in dem die Statue des Buddha oder der Gottheiten und die heiligen Bücher aufgehoben werden. Vor sie werden Gefäße mit klarem Wasser, Schalen mit Korn und jede Nacht Lampen gestellt, die mit Butter getränkt sind.

    Hierfür wird in allen tibetischen Häusern ein Zimmer freigelassen, das prächtig oder arm ist, je nach dem Vermögen des Hausbesitzers. Es heißt such *Lha khang,* »Haus der Götter«.
172. Eine Art Verehrung, die aus Indien stammt und dort als *japam* sehr bekannt ist. Es handelt sich um das Aufsagen von Litaneien, ähnlich denen der katholischen Kirche.

173. *Djam yangs* ist der tibetische Name von Manjuçri.
174. »Geweihtes« oder »gesegnetes Wasser« sind nicht korrekte Ausdrücke. Tatsächlich ist das Wasser, das die Lamas unter den Frommen verteilen, weder gesegnet noch geweiht. Nach einiger Zeit von mehr oder weniger langer Gedankenkonzentration und durch die Wiederholung verschiedener Formeln, deren Klang, wenn richtig ausgesprochen, besondere Schwingungen hervorrufen soll, wird das Wasser mit gewissen Eigenschaften aufgeladen, die eine wirksame Kraft auf alle ausüben, die einige Tropfen des Wassers nehmen. So lautet die Lehre.
175. Unser Text sagt: *pu med,* was sich aber nicht auf die Mutter von Tsong Khapa bezieht, die zu jener Zeit verheiratet und schon Mutter dreier Söhne war.
176. Es handelt sich nicht um Sünden, sondern um Befleckungen durch unreine Berührung: »In ein Haus gehen, in dem ein Toter liegt oder eine Frau geboren hat«, usw.
177. *Djowo* (der Herr) ist eine Statue, die Buddha in seiner Jugend darstellen soll. Sie wurde nach Tibet von der chinesischen Prinzessin *Wen Tchen* gebracht, aus Anlaß ihrer Heirat mit dem König von Tibet, Srong bstan Gampo. Sie steht in dem Haupttempel von Lhasa und ist Gegenstand einer großen Verehrung.
178. Ein Maß, das der Entfernung zwischen gespreiztem Daumen und Zeigefinger entspricht.
179. Der Stern des Schäfers, die Venus.
180. Diese Besonderheit, die ihn stark von seinen mongolischen Brüdern mit platter Nase unterschied, brachte ihm den Spitznamen *Nagotchen (snagngo tchen* – große Nase). Später führte dieser Unterschied zum Zweifel an der rein tibetischen Abstammung von Tsong Khapa. In den Grenzgebieten, aus denen er stammt, sind Rassenkreuzungen häufig.
181. *Tchos rdje don grub.*
182. Die *Sutras* (tibetisch *Do,* geschrieben *Mdo),* sind Reden, die Buddha zugeschrieben werden oder seinen Hauptschülern. *Tantras* (tibetisch *Gyud,* geschrieben *Rgyud),* sind Werke über Philosophie und magische Rituale.
183. *Gshin rdje gshed,* Herr des Todes, eine schreckliche Gottheit.

184. *Amrita,* Elixier der Unsterblichkeit, Nahrung der Götter. In Tibet: *Dutsi (Bdud rtsi).*
185. *Hdjam Dbyangs,* auf Sanskrit: Manjuçri, der Schutzgott der Gelehrten.
186. Ein schmales Stoffband, in das der Lama einen Knoten macht, während er rituelle Worte guter Wünsche und Beschützungen spricht, die wirksam sind für denjenigen, der dieses Band um seinen Hals trägt.
187. *Rdo rdje hdjigs byed,* »Der Schrecken hervorruft«: Tibetischer Name von Shiva in seiner schreckenerregenden Gestalt als Bhairava. Die Tibeter halten ihn auch für eine Offenbarung von Manjuçri.
188. *Nyan par jag pa ting gene dzin (manyam par bdjäg pa ting gne hdzin),* die Meditation, in der alle Gedanken und Empfindungen ausgeschaltet werden, mit Ausnahme der einen, die sich auf das einzige Objekt der Meditation bezieht.
189. Die Strohhütten der tibetischen Bauern haben weder Holz- noch Steinböden, sondern Böden aus gepreßter Erde.
190. Die mystische Formel, die Jampalyang *(Hdjam dpal dbyangs),* dem gleichen wie Hdjam dbyangs geweiht ist: dem Manjuçri.
191. Einen Menschen oder ein Denkmal umschreiten, so daß diese auf seiner rechten Seite bleiben, ist eine Ehrfurchtsbezeichnung, die die Tibeter den Indern entliehen haben. Diese nennen sie *pradaxina.*
192. *Tulpa (sprulpa)* ist eine Trugform, durch starke Gedankenkonzentration erschaffen. Wenn auch illusorisch, so ist der Tulpa doch nicht ganz unreal. Er besitzt seine eigene Wirklichkeit, die ihn befähigt, tatsächlich Handlungen zu vollbringen, die dem Wesen, das er darstellt, eignen.
193. *Dge slong,* ein Religiöser, der die höhere Weihe empfangen hat. In allen tibetischen Worten ist das g hart, selbst vor den Vokalen i, e, u.
194. Die *Trapas* (Schüler) sind Mönche, die der gewöhnlichen Priesterschaft angehören. Lama *(blama)* »ausgezeichnet« ist ein Ehrentitel, der den Oberen der großen Klöster, hervorragenden Professoren und vor allem den *tulkus,* den Verkörperungen hoher Verstorbener, zusteht.
195. Der kommende Buddha Maitreya.

196. *Atisha-dipankara Shrijnana,* ein berühmter buddhistischer Philosoph des 11. Jahrhunderts, der dreizehn Jahre in Tibet lebte. Sein Grab ist in Niethang, nicht weit von Lhasa.
197. Ein hervorragender Schüler Buddhas.
198. Zu dem Kloster Kum Bum, in dem der Autor mehrere Jahre lebte, vergl. sein Buch: »Au pays des brigands-Gentilshommes«. Man wird dort eine etwas abweichende Version der in unserer Biographie dargestellten Ereignisse finden.
199. *Tri ratna,* die »drei Kleinode« bezeichnen Buddha, seine Lehre und den religiösen buddhistischen Orden, oder nach anderer Auffassung die Vereinigung derer, die »in den Strom eingetreten« sind, d. h. derer, die den Sinn der Lehre verstanden haben, und auf dem Pfad zur endgültigen geistigen Erleuchtung sind.
200. *Rimpotche,* »kostbar« ist eine hoch geehrte Eigenschaft.
201. *Yangs tchen ma* ist der tibetische Name der indischen Göttin *Saraswati,* der Schutzgöttin der Gelehrten und Studierenden.
202. Chinesen und Tibeter falten Stoffe nicht, sondern rollen sie.
203. *Zab yig (gzab yig),* große Druckbuchstaben, die auch *utchen (dbu tchen)* »großer Kopf« genannt werden. *Shar yig (gshar yig)* ist die übliche Schrift, von der es auch verschiedene Arten gibt. Gewöhnlich heißt sie *ume (dbu med)* »ohne Kopf«.
204. Zu den Visionen dieser Art und den Übungen, die sie hervorrufen, vergleiche A. David-Néel »Unter Mystikern und Magiern Tibets«.
205. Das ist die niedere Weihe, über die die meisten Mönche nicht hinausgehen.
206. Eine in Tibet geläufige Übung.
207. Es muß heißen Zentraltibet. Die Provinz Amdo, Geburtsland von Tsong Khapa, ist ein Grenzgebiet, das sich ein wenig vom eigentlichen Tibet unterscheidet.
208. Weiß, gelb, grün, blau, rot.
209. Eine Mischung von Kot und geschnittenem Stroh.
210. Man zeigte ihn mir auf meinem Besuch in *Tchakyung (bya khiung).* Tchakyung bedeutet Adler, aber der Ausdruck bezieht sich mehr auf den mythologischen Vogel, den die Inder *garuda* nannten.
211. Etwa zehn Kilometer von Jigatze entfernt. Es besteht dort eine der größten Druckereien Tibets, in der Tausende von Klischees kanonischer Schriften aufbewahrt sind, auf Holzplatten aufgeprägt. Der

Autor besuchte diese Druckerei während seines Aufenthaltes in Jigatze.

212. Die Hindu-Göttin Bhrikuti: »Sie, deren Antlitz Zornesfalten hat.«

213. Vergl. Anm. 202.

214. Hier muß, wie überall, wo der Ausdruck *tulpa (sprulpa)* vorkommt, bemerkt werden, daß es sich um eine trügerische Manifestation handelt, die durch Gedanken gebildet wurde. Trotzdem besitzen diese nicht ganz unrealen Gegenstände die Möglichkeit, die Rolle zu spielen, die sie darstellen. Hier hat der Lama nicht das Flußwasser vereist, wie dies im Winterfrost geschieht, sondern er hat eine »Erscheinung« von Eis hervorgebracht. Trotzdem konnten diejenigen, die das Erschaffen dieses Trugbildes des festen Eisbandes mitansahen, darauf den Fluß überschreiten, wie dies im winterlichen Eis möglich gewesen wäre. Das ist in kurzen Worten der Glaube der Tibeter über diesen Gegenstand.

215. *Nagas,* Tib.: *lu (klu)* sind Schlangen-Genien, die im Wasser wohnen.

216. Reden, die Buddha zugesprochen werden oder seinen Hauptschülern.

217. Wörtlich »Viel Tee«. So nennt man einen Festtee, den die Gastgeber auf ihre Kosten geben. Er ist im allgemeinen mit mehr Butter versehen und wird reichlicher gereicht, als der den Mönchen am Morgen ausgeschenkte. Manchmal fügt der Gastgeber noch feste Nahrung hinzu, so daß eine wirkliche Mahlzeit entsteht.

218. Dieser kurze, in Tibet sehr volkstümliche Auszug umfaßt in wenigen Seiten das Wesen der in dem großen Werk des Nagarjuna, dem *Prajnaparamita* ausgeführten Philosophie. In Tibetisch: *Shesrab kys parol tu tchinpa (byinpa),* d. h. »die Weisheit überschreiten«, eine den Tibetern eigene Übersetzung, die nicht dem von den Indern angenommenen Sinn entspricht. Vergl. hierzu: A. David-Neel, »Enseignements secrets dans les sectes bouddhistes tibétaines«, Ed. Adyar.

219. Der vollständige Text lautet: »Es gibt weder Form, noch Empfindung, noch Wahrnehmung, noch Gedankenkonstruktionen (Ideen), noch Bewußtsein. Alles ist leer.« Diese Philosophie muß folgendermaßen verstanden werden: Nichts ist im physischen oder Denkbereich selbsttätig. Alles Bestehende ist abhängig von den Ursachen,

die es hervorrufen. Alle Phänomene sind Elementsanhäufungen, die im Augenblick miteinander verbunden sind und sich wieder trennen, indem sie andere Erscheinungen hervorbringen. »Leere« bedeutet Leersein von sich, von seinem eigenen Ich.

220. Mehl aus vorher gerösteter Gerste hergestellt, das Hauptnahrungsmittel der Tibeter.
221. Der *Gekeu*. Das G wird hart gesprochen; geschrieben: *Dge bskyos*.
222. Die Riten dieser Art heißen *Nien dup (bsgnen bsgrub)*. Das ist der in unserem Text gebrauchte Ausdruck. Die Göttin Yangtchen ma *(Dbyangs Tchan ma)* ist die indische Göttin Saraswati, die Schutzherrin der Gelehrten.
223. Formel aus dem Sanskrit entlehnt, die häufig in der religiösen Sprache Tibers gebraucht wird. Im allgemeinen in Sanskrit ausgedrückt als: *Sarva Mangalam* oder als *Subam astu sarvajagatam*.
224. *Tizas* sind die *Gandharvas* der indischen Mythologie, himmlische Musiker, die den Göttern Konzerte geben.
225. In Tibet so genannt, weil der Herbst die Zeit der Ernte ist.
226. *Nya nien les despa (mya ngen les hdespa),* d. h. ein glücklicher Tod.
227. *Stod tung tsor phug,* im Norden von Lhasa, ist der Hauptsitz der Sekte der Karma Khagyud geworden.
228. *Djowo,* der »Herr«. Es ist die Statue, die die Prinzessin Wentchen bei ihrer Hochzeit mit dem König Srong bstan Gampo aus China mitbrachte. Sie soll Buddha in seiner Jugend mit etwa fünfzehn Jahren darstellen, als er als Prinz im väterlichen Palast wohnte.
229. Allgemein Gaden genannt. Als Amphitheater an der Bergseite, nahe Lhasa erbaut.
230. *Gsang hdus:* tantrische Lehre.
231. *Doli* ist ein Hindu-Wort, das die Tibeter annahmen. Es bezeichnet ein Fahrzeug, das aus einem Stoffstück besteht, dessen Enden an einem Stock befestigt sind. Der Reisende setzt sich in diese Art Hängematte, die der Stoff bildet. Träger vorn und hinten tragen die Stecken während des Weges auf ihren Schultern.
232. Der eigentliche Sinn von *rabnes (rab gnas)* ist »vollkommen bewohnt«. Die tibetische Zeremonie des *rabnes* ist identisch mit *prana pratishta* der Hindus (vergl. A. David-Neel: »Indien«). Ihr Ziel ist, eine aktive Energie in ein Objekt, in eine Statue oder in anderes einzuführen, um dieses mit wirksamen Gaben zu erfüllen.

233. *Naro tcheu tu (tchchos drug),* ein Werk, das dem bekannten Professor der Universität von Nalanda, *Narota,* von den Tibetern Naropa genannt, zugeschrieben wird.

234. *Uma (dbuma),* die Philosophie Madyamika »der Mitte« wird einem berühmten buddhistischen Philosophen, dem Inder Nagarjuna (mit tibetischem Namen *Ladup,* (schreib *Klugrub)* zugeschrieben.

235. *Sera chot sdings.*

236. Die Statuen von Tsong Khapa stellen ihn im allgemeinen mit einem Buch in der hochgehobenen Hand dar. Die üblichste Erklärung besagt, daß dieses Buch *Prajna Paramita* ist, die Abhandlung über die transzendente Weisheit. Entsprechend der Lehrweise des Tsong Khapa aber scheint unser Text mit Recht diese Bücher für Tantrik-Texte oder Kommentare über diese zu halten.

237 Im Pantheon des buddhistischen Mahayana ist Dordji Chang *(Rdo rdje htchang)* ein Dhyani Bodhisattva. Sein Sanskrit-Name ist Vajradhara. Man hält ihn für den obersten Herrn der Tantrik-Lehren. Die Tibeter nennen ihn auch *Chag na dordji (Phyag na rdo rdje).* Die Übersetzung seines Namens ist: »Träger des magischen Zepters«.

238. *Dge grub sen ge.*

239. Die tibetischen Meister der Tantrik-Sekten trinken bei gewissen Riten aus einem Totenschädel, der als Schale dient. Die Reichen geben ihm noch eine Legierung aus Silber. *Nang tcheud* ist ein Getränk, das die Frommen während der Feier verschiedener Riten trinken. Am häufigsten besteht dieses einfach aus Bier oder Korn. Bei gewissen okkulten Zeremonien aber enthält der *nang tcheud* die zehn Arten unreiner Dinge: fünf Arten von Fleisch einschließlich Menschenfleisch, Exkremente, Urin, Blut, Mark und Samenflüssigkeit. Diese Art *nang tcheud* gehört aber fast ausschließlich der Zauberei an.

240. *Sang nga la na med pa (gsang snags bla na ned pa).*

241. Ein College, in dem die trantrischen Schriften und die magischen Riten gelehrt werden, existiert in jedem großen Kloster. Diese Colleges heißen: *Gyud pa tasang (rgyud pa grags tsang).*

242. Abkürzung von *Dje Shesrab Seng Ge.*

243. *Rdor rdje Thegpa,* auf Sanskrit: *Vajrayana.* Eine der spätesten Sek-

ten, die sich vom Mahayana ableiten. Sie führte die Theorien über *Shakti,* die von den weiblichen Energien symbolisierten Gottheiten, ein, die von den mythischen Buddhas und Bodhisattvas unzertrennlichen Gattinnen.

244. *Dam chen chos rgyal,* eine Göttin, die gelobt hat, den Buddhismus zu schützen. Infolgedessen wurde Dan tchen tcheu gyal als Schutzgöttin der großen Lamas von Tashilhumpo erwählt.
245. Eine *Seng dong ma (seng gei gdong),* »die das Gesicht eines Löwen hat«.
246. Eine *Neudjin (gnod sbyin).* Eine Art übeltäterischen Geistes, die in den Bergen jagt.
247. In Tibet wie in China haben die Uhren kein Schlagwerk, man schlägt sie mit einem Hammer.
248. Ich verstehe diesen Weg schlecht, denn um von Sera nach Gahden zu gehen, überquert man nicht Depung. Wahrscheinlich ist Tsong Khapa nicht auf direktem Weg dorthin gegangen.
249. Entsprechende Überlegung. Von Depung aus sieht man Gahden nicht, das weit entfernt, jenseits von Lhasa liegt.
250. *Yangs pa tchen* ist der Name, den die Tibeter der Stadt Vaicali geben, die häufig in der Geschichte der wiederkehrenden Predigten Buddhas erwähnt wird. Es wird nicht erklärt, warum dieser Name dem Tempel gegeben wird.
251. Die Mitglieder der Priesterschaft danken denen, die ihnen eine Mahlzeit gereicht haben, indem sie ihnen Gutes wünschen.
252. *Sku rim.* Im allgemeinen religiöse Pflichten, im besonderen: eingehendes Lesen der Heiligen Schriften, das die Kranken wieder gesund machen soll.
253. *Bkah btchu pa.* Ursprünglich derjenige, der die zehn Vorschriften beachtet, ein Frommer. Später ein gebildeter Mönch.
254. *Bodhi:* die Erkenntnis.
255. Die beiden Hauptwerke des Tsong Khapa.
256. Vierundachtzigtausend, eine Phantasiezahl, die im Wortschatz des Mahayana eine sehr große, unbestimmte Menge ausdrückt.
257. *Thun.* Die Übergangspunkte von Tag, Dämmerung, Nacht, und Morgenaufgang. Vier Augenblicke, die vor allem geeignet sind, sich der Meditation zu überlassen.

258. *Bde mchog.* Eine der Hauptgottheiten des Tantrik. Auf Sanskrit: *Shambara.*

259. *Bda tsi: amrita.*

260. *Rdo rdje gtchod pa:* Sanskrit: *Vajracchnedika sutra.* »Der Diamantschneider«, d. h. »der hervorragende Schneider«. Ein religiöses Buch, das die idealistische Lehre des *Prajnaparamita* ausdrückt.

261. Klassische Stellung des Meditierenden, die wir auf den Buddha-Statuen sehen. Auf Tibetisch heißt sie: *Dordji kyilmo tung (rdordje dkyilmo dkrung).*

262. Geistige Haltung, auf Tibetisch: *Thugs dam la tse tchig tu pugs pa (thugs dam la rtse gtchig tu bshugs pa).*

263. Es handelt sich um die drei Gradstufen der buddhistischen Meditation *(dhyanas),* die sich auf die Welt der Begierde: *kama loka* (unsere Welt und die Stofflichkeit, die sie umfaßt); die Welt der reinen Form: *rupa loka;* und die Welt ohne Form: *arupa loka,* bezieht. Jenseits dieser ist *Dharmakaya* (tibetisch: *tchös ku,* orth.: *tchos sku,* der Körper der Elemente: *Dharma.* Diese Welt kann als Sein an sich verstanden werden, folglich als absolute Wirklichkeit. Diese letzten Grade sind nicht mehr intellektuell zu verstehen. Es handelt sich vielmehr um eine allmähliche Umwandlung der Eigenschaften, dann der Substanz des Individuums selbst, die seine Assimilierung an (oder Verkörperung in) andere Daseinsarten ermöglicht. In Tibetisch nennt man die drei Welten: *Deu pai khams (hdod pai khams) zug kyi klams (gzugs kyi khams)* und *zug me kyi khams (gzugs med kyi khams).*
Diese Stufen der Meditation werden auch beschrieben als ein allmählicher Durchgang durch die vier folgenden Sphären: die Sphäre des unendlichen Raumes, die Sphäre des unendlichen Bewußtseins oder Geistes, die Sphäre, in der nichts besteht, die Sphäre, in der es weder Bewußtsein noch Bewußtseinslosigkeit gibt, d. h. die Sphäre »des Unbegreifbaren«, die in unserem Text mit »leeres Licht« und »absolute Wahrheit oder Wirklichkeit« ausgedrückt werden.

264. Der Seinszustand, der zwischen dem Augenblick des Todes und dem der Wiedergeburt verläuft.

265. Dies sind: eine Erhöhung auf dem Scheitel des Kopfes, eine breite und hohe Stirn, ein Haarbüschel in der Stirnmitte, blauschwarze Augen, vierzig ganz gleiche und weiße Zähne, ein Kinnbacken,

dem Löwen gleich, eine dünne und sehr lange Zunge, eine klare Stimme, runde Schultern, zarte goldfarbene Haut, Hände, die ohne Bücken des Körpers die Knie berühren, das Geschlechtsglied unsichtbar in den Körper zurückgezogen, runde Waden, ein Rad in die Hand- und Fußfläche geprägt, lange Finger usw.

266. Kharog ist der Name eines Ortes in Tibet. Andererseits ist Kharog Domtchung *(Kharog sgom tchung)* der Name eines berühmten Lama, der zu der Sekte der Kahdampas gehört. Die Tibeter glauben, daß bestimmte große Yogi sich bei fortschreitendem Alter verkleinern. Diese Eigentümlichkeit wurde einem Einsiedler zugesprochen, der in Beschaulichkeit am Ufer des Yesru Tsangpo (Hohe Brahmaputra) während meines Aufenthaltes in Jigatze lebte.

267. *Hdjam dpal dbyangs.*

268. Einzelheiten über ihn werden in meinem Bericht über meinen Aufenthalt in Wu tai shan in dem Buch »Unter den Wetterwolken« ausgeführt.

269. Kuntu Zangpo bedeutet »Gutes für alle«, »Gutes überall«, das »Alles Gute« oder das »universale Gute«.

270. Dieses zeigt die idealistische Lehre, die den ganzen Text prägt. Was wir für Wissen halten, sind gleicherweise nur Begriffe unseres Geistes und haben keine Beziehung zur Wirklichkeit.

271. Der tibetische Ausdruck ist *du ma tche (hdus ma byas),* d. h. nicht zusammengefügt.

272. Was *samsara,* tibetisch *korwa (bkhor ba),* »Runde« entspricht und *nirvana,* das die Tibeter »jenseits der Runde« *(bkhor hdas)* bezeichnen. Die »Runde« ist unsere Welt, allgemein verstanden als fortwährende Bewegung der sie ausmachenden Elemente, die sich zusammen- und auseinanderfügen.

273. Dies wird folgendermaßen erklärt: Es ist ein Irrtum zu glauben, daß Samsara und Nirvana zwei verschiedene Dinge sind. Es sind nur zwei Aspekte, die unsere Einbildung über der einheitlichen Grundlage aufbaut.

274. In Tibet steht *togpa (rtogpa)* gegenüber *rogspa (rtogspa).* Dieser zweite Ausdruck bedeutet ein klares Verständnis, der erste widersprechende Überlegungen, die den Geist beunruhigen und eingebildeten Vorstellungen zukommen.

275. D. h. es besteht in ihnen kein festes »Ich«-Prinzip.

276. Die fünf Gifte sind: Begehrlichkeit, Zorn, Unzucht, Stolz, Stumpfsinn.
277. Die fünf Weisheiten sind: Weisheit der Werke; der Entscheidung; des »Ausgleichens«, die erkennt, daß die unterschiedlichen Dinge in ihrem Wesen eins sind; die Weisheit des Spiegels, die das Spiel von Ursache und Wirkung wiedergibt; die Weisheit des Bereichs der Elemente, die sich der grundlegenden Einheit in der scheinbaren Vielheit bewußt ist.
278. Vergl. Anm. 269.
279. Es handelt sich um die *tulpas (sprulpa)*, magische Schöpfungen durch die schöpferische Kraft der Gedankenkonzentration.
280. »Die Grundlage, das Fundament der Dinge erscheint ihnen nicht«, sagt der Text.
281. Wörtlich: »Der Schatten, sich an nichts zu erinnern.«
282. Die dauernde Verkettung von Ursachen und Wirkungen, die die »Runde« *(hkhorwa)* ausmacht.
283. Vergl. Anm. 129.
284. Dies drückt die Lehre aus, nach der Wunsch und Abneigung eine gleiche Wirkung haben; die Bindung des Geistes an die Welt der Dualität, an die »Runde«, an Samsara, aus der die Gleichgültigkeit dessen, der sie für ein Trugbild hält, befreit.
285. Die Götter sind stolz auf ihren höheren Zustand. Alle ihre Wünsche werden sogleich befriedigt, aber sie wissen, daß dieser Zustand nicht andauert, daß sie eines Tages sterben werden, auch wenn ihr Dasein in den göttlichen Bereichen Tausende unserer irdischen Jahrhunderte andauern kann. Nach diesen können sie wiedergeboren werden in einer weniger glücklichen oder selbst in einer unglücklichen Welt.
286. Die sieben Arten von Wesen (vergl. Anm. 125), die Handlungen, die ihr Dasein in den verschiedenen Bereichen bestimmen, sind nur leere Einbildung, der wir uns hingeben.
287. Zur Regenzeit, wenn die anschwellenden Flüsse ihr Wasser in die Seen ergießen.
288. Der Text lautet: *thah kopa (mthah hkopa)*, wörtlich: »Menschen der äußersten Enden«. Diejenigen, die jenseits der Grenzen der zivilisierten Gegenden leben. Der König betrachtete die Chinesen und Inder als zivilisierte Völker. Jenseits von Indien und China

lebten die »Menschen der äußersten Enden«, die ländlichen Tibeter.

289. Yidam ist der Schutzgott, der etwa der *Ishta Devata* entspricht, »der Gott, den man erwünscht«, der Inder. Doch während eine mystische Liebe und Anbetung Indien mit *Ishta Devata* verbindet, hat die Beziehung zum tibetischen Yidam keine Gefühlsseite. Je nach dem Intelligenzgrad der Individuen stellt der Yidam symbolisch philosophische Ideen, psychische Kräfte dar oder ist ein übermenschlicher Beschützer. Auf einer niederen Stufe kann Yidam zu einer Art Fetisch werden und, wie hier, sich in einem Bild verkörpern.
290. Nach ihren Sanskrit-Namen: Manjuçri und Samantabhadra.
291. *Bdud rtsi,* Sanskrit: *amrita,* Elixier der Unsterblichkeit.
292. Wörtlich: Schlangen-Sandelholzherz, so genannt, weil dieser Baum Schlangen anzieht, die sich gern um seinen Stamm rollen.
293. Die Tibeter glauben an das Dasein spontan (autogen) entstandener Dinge und verehren sie tief. Eine beträchtliche Zahl von Statuen und anderen Gegenständen wird in Tibet gezeigt.
294. *Eupagmed (Hod dpag med),* Übersetzung des Sanskrit-Namens *Amithaba,* »Unendliches Licht«.
295. In Tibetisch: *Ang tchug tchenpo (Dbang phyug tchen po).*
296. In Sanskrit: Krakucchanda.
297. In diesem Wort wie bei allen tibetischen Bezeichnungen ist das G hart.
298. Wörtlich: »Der Ort der Opferungen«, *mtchod gnes,* sprich: *tcheud nes.*
299. Die Götter *Hogmin,* »die unterhalb des Nichts sind«, sind die Akanishta der Hindu-Mythologie. Sie bewohnen die achtundzwanzigste Stufe, die höchste der übereinander liegenden himmlischen Wohnungen, in der der »Unerschütterliche«, *(Mi skyod pa,* Sanskrit: *Akshobhya),* der mystische Buddha thront, und Dordji Chang, der Patron der tibetischen Okkultisten wohnt.
300. Die geheimnisvolle Stadt des Nordens.
301. *Giwang* soll ein fester Körper sein, der in den Eingeweiden gewisser Tiere wohnt und in der Medizin gebraucht wird. Der aus den Elefanten stammende soll höhere Qualität besitzen. Was aber die tibe-

tischen Ärzte ihren Patienten unter dem Namen *giwang* eingeben, ist im allgemeinen ein Mineralprodukt.

302. Der die Kette, von Tod und Geburten zerstört. Name eines Buddha aus vergangenen Zeiten: Krakucchanda.
303. *Arahan* ist ein geistig Erleuchteter.
304. Auf der Erhöhung der Scheitels, ein symbolisches Zeichen, das die Buddha-Bilder und die Bilder der Götter darstellen. Es bedeutet die Aufnahme der geistigen Kräfte in den höheren Zentren des Individuums.
304. Tibetischer Name des Buddha Kanakamuni.
306. Tibetischer Name des Buddha Kashyapa, der in unserer Welt unmittelbar vor dem geschichtlichen Buddha Siddharta Gautama erschienen sein soll. Man weiß, daß nach Ansicht der Buddhisten dieser nicht einzigartig ist, sondern in jedem Zeitalter *(kalpa)*, die dem unseren vorangingen, ein Buddha die Lehre verkündete.
307. Vergl. Anm. 305 und 306.
308. Der Fluß, der vor Buddha Gaya fließt, dort wo nach der Überlieferung Siddharta Gautama die vollkommene geistige Erleuchtung empfing.
309. Die vier Kardinalpunkte, die dazwischenliegenden Punkte, Zenit und Nadir.
310. Name der alten Hauptstadt von Nepal. In unseren Tagen nennen die Tibeter die heutige Hauptstadt Katmandu weiter mit diesem Namen.
311. Das heißt die Sphären, die über der Erde liegen. Ein *Teng dön (Sten gdon)*.
312. Eine Bezeugung der Ehrerbietung.
313. Name eines mythischen Buddhas. Ein Tempel in Nepal trägt seinen Namen.
314. Vergl. Anm. 310.
315. Einer der Namen von Avalokiteshvara, in Tibetisch *Chenrezigs*, der Bodhisattva-Schutzherr Tibets.
316. Das Große Fahrzeug, in Tibetisch: *Thegpa tchenpo*, der Mahayana.
317. Die Prinzessin Wen tchen, die mit Srong bstan Gampo im Jahr 639 verheiratet wurde, als er schon – etwa 637 – der Prinzessin von Nepal vermählt war.

318. Gara ist eine geschichtliche Persönlichkeit. Als Minister des Königs Srong bstan Gampo war er der Fürsprecher für die Heirat des Königs mit einer Tochter des chinesischen Kaisers Tai Tsung. Sein vollständiger Name war: *Mgar rtsen gnich ldom ba.*
319. Der Text ist stellenweise dunkel. Man versteht nicht gut die Erzählung der Gäste und des Gerippes. Es soll sich aber so verhalten haben: ohne Wissen der Gäste verteilten die Diener, wie es heißt, willkürlich und ohne vorherige Überlegung, die Stücke, so daß sie wieder ein vollständiges Gerippe bildeten. Mir kommt diese Erklärung recht unzutreffend vor, und ich muß zugeben, daß ich auch nicht verstehe, wie »drei Minister und sechs Führer«, wie dies deutlich gesagt wird, nicht neun Personen bilden, sondern nur sechs Essende.
320. *Vaidurya,* das häufig in tibetischen Büchern erwähnt wird, ist aus Malachit oder Lapis-Lazuli.
321. Diese Erwähnung des Kamels ist seltsam. Kamele gehen nicht nach Tibet, da ihre weichen Füße sich auf dem felsigen Boden verletzen. Kamele, die mit den Karawanen aus der Mongolei kommen, werden an der Grenze von Kukunor abgeladen und die Waren, die sie tragen, für die übrige Reise auf Yaks geladen.
322. Die Göttin Brikuti, »die Zornesfalten hat«. Wir begegneten ihr schon im Text. Auf Tibetisch: *Djomo Ghro gnier tchen.*
323. Der Text lautet: »abgeschnitten«, »durchgeschnitten«.
324. Der Buddha Kashyapa, vergl. Anm. 306.
325. Vergl. Anm. 3.
326. *Bal yul,* der Name, den die Tibeter Nepal geben.
327. Vergl. Anm. 289.
328. Dies wird folgendermaßen erklärt: Der König wird auf magische Weise Phantome hervorrufen die die Rolle von Beamten spielen, das Gesetz verkünden und die Ausführung überwachen werden. Diese Erklärung ist nicht sehr befriedigend. Sie wird bei den kriegerischen *tulpas* noch einmal wiederholt.
329. Die schönen Gegenstände, die man gern sieht, sind: Musikalische Klänge, schöne Sprache, angenehme Wohlgerüche, gutschmeckende Speisen und Früchte.
330. Er hatte erklärt, daß er Srong bstan gampo, wenn dieser ausführen würde, was er von ihm verlangte, die Prinzessin zur Heirat geben

würde und mußte nun Wort halten, wenn es ihm auch mißfiel, seine Tochter in ein Land der Barbaren zu schicken. Später empfand der Kaiser Tai Tsung den gleichen Schmerz um seine Tochter, die chinesische Prinzessin Wen tchen.

331. *Dolpa (gdolpa)* entspricht den verachteten alten indischen Kasten Mathanga und Chandalas.
332. *Mi skyod rdo rdje:* »der unerschütterliche, unveränderliche Herr«. Auf Sanskrit: *Akshobya,* der zweite mystische Dhyani-Buddha.
333. Cakya Thubpa: Cakya muni, der geschichtliche Buddha Siddharta Gautama.
334. Das Kraut-»Tigerfleisch« ist für seine Heilkräfte bekannt. Es soll Lepra und Darmkrankheiten heilen.
335. Die religiösen Buddhisten erbitten ihre Nahrung mit einer Schale, die sie in der Hand kalten. In Tibet wurde dies zu einem rituellen Brauch. Tibetische Mönche betteln nicht.
336. *Rab nes (rab gnas),* vergl. Anm. 232.
337. Im Buddhistischen hat »Verdienst« eine andere Bedeutung wie im allgemeinen bei uns. Der Sinn ist eher: »Ursachen, die glückliche Ergebnisse bringen.«
338. Die *Djig ten pas,* d. h. die Laien.
339. Vielleicht aus Angst, sie könnten fallen und Schaden leiden. Der Text gibt keine Erklärung.
340. Die *dzo,* weiblich *dzomo,* sind Kreuzungen zwischen Yak und kurzhaarigen Schweinen von gewöhnlicher Art. Diese Tiere sind nicht steril, sondern pflanzen sich untereinander fort.
341. *Djowo:* Herr. Dieser Name wird hier Yidam zugeteilt, in Wirklichkeit ist aber der in Lhasa verehrte Djowo eine Buddha-Statue.
342. Ein magischer Kreis, der früher schon erklärt wurde.
343. Unter diesem tibetischen Namen soll Brihaspati gemeint sein, der Lehrer der Götter in der indischen Mythologie.
344. Die *Jinas.* Die fünf Dhyani-Buddhas, symbolisch mystische Persönlichkeiten, sind fortwährend in vollkommene Gedankenkonzentration versenkt. Die hierdurch gewonnene Energie gebiert ihrerseits fünf Buddhas und fünf Bodhisattvas. Die »Eroberer« werden auf Tibetisch *Gyalwa (rgyalwa)* genannt.
345. Vergl. »Reise einer Pariserin nach Lhasa.«
346. Nach indischer Geographie, die die Tibeter annahmen, wird der

Berg Meru, der Mittelpunkt unserer Welt, von vier Kontinenten umgeben. Dies sind: *Lus hphags pa* »edle Form«, der Jurva Videha der Inder im Osten; *Nub ba glang spyod,* »das Land reich an Vieh«, in Sanskrit: Aparagodaniya, im Westen; *Lho hdzam bu gling,* »das Land, in dem der heilige Baum jambu wächst«; auf Sanskrit: Jambudvipa. *Chang sgra mi snien,* »der Kontinent des Nordens, dessen Sprache einen häßlichen Klang hat«. Dies bezieht sich wahrscheinlich auf Gegenden, die von Völkern bewohnt waren, deren Sprache die Inder nicht verstanden und die für sie einen unangenehmen Klang hatte. Auf Sanskrit: *Kuru.*

347. *Chörten,* religiöses Denkmal, in welchem Reliquien eingeschlossen sind: heilige Bücher, religiöse Bilder oder andere Dinge dieser Art. Ursprünglich schloß man dort Asche von Heiligen oder hervorragenden Persönlichkeiten ein. Diese Sitte existiert immer noch. Phurba: Ritueller Dolch.

348. Im Südosten von Tibet liegt ein Massiv von hohen Schneeketten, in dem Asketen in Versenkung leben. Der berühmte Dichter Milarepa hielt sich dort lange auf.

349. Derjenige, der von keinem Gedanken bewegt wird.

350. *Teu tal (spros bral).* Es handelt sich um das Aufhören jener andauernden, ungeordneten Denktätigkeit, die Bilder, Gedanken und Urteile »herstellt« und »sammelt«, die tatsächlich nach der idealistischen Anschauung der tibetischen Philosophen immerfort die Welt, in der wir leben, »aufbaut«. Diese Denktätigkeit webt den Stoff des Vorhangs zwischen der Wirklichkeit und uns, der das Wahrnehmen erschwert.

351. Ähnlicher Sinn wie im vorhergehenden. Das Blendwerk ist das Gesamt der Erscheinungen, die der Yogi als Trug erkannt hat. Die klassischen Texte nennen es: »der Spiegelfläche des Wassers gleich«. Zur selben Zeit hat auch der Yogi den unwirklichen Grund seines »Ichs« erkannt, der nur ein Wirrwarr unbeständiger Verbindungen ist. Ohne feste Wirklichkeit ist er einem Phantom zu vergleichen.

352. Alle Gifte: leidenschaftliches Begehren, Durst; Haß, geistige Stumpfheit, Dumpfheit; Stolz, Haften am individuellen »Ich«; Eifersucht. Der Yogi verwandelt sie in Weisheit und befreit sich von ihnen.

353. Die nur Aspekte des Himmels sind und nicht der Himmel im eigenen »Ich«.
354. Indem sie keine Gedanken, Theorien usw. hervorbringen.
355. *Bardo thös tol.*
356. Auf Tibetisch: *khorwa.*
357. Übliche tibetische Redensart: *Sipa khorlo (Sridpa hkhorlo).*
358. Befreiung: *Tharpa* ist der Ausdruck, den die Tibeter als Entsprechung für Nirvana gebrauchen.
359. *Da medpa (medpa)* ist die tibetische Übersetzung des Sanskritwortes *anatma.*
360. *Nyön ky les,* allgemein für das Sanskritwort *karma* gebraucht
361. Nach der volkstümlichen Redensart, daß jemand, der sich zu schikken weiß, auch in der Hölle ein angenehmes Leben hat.
362. *Hdjah lus,* »der Regenbogen-Körper«.
363. Die fünf Bewußtseinszustände, die mit jedem der fünf Sinne verbunden sind, und das mentale Bewußtsein, das im Buddhismus als sechster Sinn betrachtet wird, der die Gedanken zum Gegenstand hat. Es ist *Yid kyi namparshespa (Yid kyi rnarmpar shespa).*
364. Es geschieht auch, daß das Ritual des Bardo Thös Tol in Abwesenheit des Verstorbenen vor einer Puppe gelesen wird, die mit den Kleidern eines schon seit einigen Tagen Verstorbenen bekleidet ist. Die Angelegenheit ist scheinbar unlogisch, denn, wenn das »Bewußtsein« des Betreffenden schon den Weg in den Bardo genommen hat, kann niemand mit Sicherheit wissen, wie weit er schon fortgeschritten ist, und die Ratschläge, die gegeben werden, können sich auf einen anderen, als auf den tatsächlich vorhandenen Zustand beziehen. Die neunundvierzig Tage, die der Volksglaube der Reise im Bardo zuschreibt, sind ebenso symbolisch wie die sechs Tage der Schöpfung. Unterrichtete Lamas erklären, daß die Wanderschaften im Bardo sich über verschiedene Zeiten erstrecken, entsprechend den mentalen Bedingungen der Reisenden.
365. Diese Formen finden sich in allen Mythologien wieder: in Ägypten, Indien, China usw.
366. Sie zeigen halb-menschliche Körper und Gesichter von Löwen, Büffeln, Wölfen, Säuen oder Vögeln mit Geierschnäbeln. Sie werden umarmt von den Heruka-Vätern, die geschmückt sind mit einer

Tiara aus Totenschädeln, und ihren Lippen Schädel mit rauchendem Blut als Opfergabe reichen.

367. Die fünf Gifte. Die fünf Weisheiten vergl. Anm. 276 und 277.
368. *Djalus (dhjah lus),* »Regenbogen-Körper«, ein wenig dem »Double« oder »Astralkörper« der Okkultisten zu vergleichen.
369. *Lha ma yin,* die Nicht-Götter. Die *asuras* der indischen Mythologie, die Titanen stehen immerfort im Krieg mit den Göttern, die sie aus ihren seligen Wohnungen zu jagen suchen, um sich selbst dort einzurichten.
371. *Mi-ma-yin,* die Nicht-Menschen: Genien, Feen, Gottheiten der Berge, der Bäume, der Flüsse usw. Die einen davon sind wohlwollend, die andern feindlich. Dort sind auch Wesen von ungeheuren Gestalten, zu elendem Dasein, als Folge böser Handlungen verdammt; die *pretas* der Inder. Die *mi ma yins* wohnen nicht in den höllischen Regionen.
371. Ein religiöses Denkmal.
372. Ähnlich den chinesischen Brücken, die mit einem Dach bedeckt sind. Diese gibt es auch in Tibet.
373. D. h. wenn in dem zu Ende gehenden Leben oder in einer früheren Daseinsform derjenige, für den der Ritus ausgeführt wird, eine mehr oder weniger flüchtige und deutliche Wahrnehmung der Wirklichkeit hatte.
374. Sobald die Lamas den Augenblick für günstig erachten, um den Körper des *namshe* (die Bewußtseinsfähigkeit), der sich in seiner Nähe aufhält, loszulösen.
375. *Amithaba,* der Buddha des unendlichen Lichtes.
376. Diese beiden Ausrufe müssen mit einem besonderen Ton ausgestoßen werden, den ein eingeweihter Lama lernen muß, da sie schwer hervorzubringen sind. Der eine und andere soll die Fähigkeit besitzen, den Tod dessen herbeizuführen, der ihn ausstößt. In den für sich selbst ausgeführten *phowas* benutzt der Sterbende diese Ausrufe, »um seinen Geist durch den Scheitel des Kopfes hinausgehen zu lassen«.
377. Die Erklärung für die verschiedenen Winde ist: Nach indischer Physiologie rufen die Kräfte oder Atemzüge, die den Körper bildenden Elementen eigen sind, bei den Sterbenden und Gestorbenen verschiedene Geräusche hervor, die der Sterbende

oder der Bewußtseinsrest, der bei dem Toten noch verbleibt, bemerken.

378. *Dbyig gnien.* Ein buddhistischer Philosoph Indiens: Vasubandhu.

379. »Das göttliche Auge« ist eine der sechs übernatürlichen Fähigkeiten. Es erlaubt dem normalen Blick, unsichtbare Dinge wahrzunehmen. Die anderen übernatürlichen Fähigkeiten sind: »das göttliche Ohr«; »die Erkenntnis der Gedanken anderer«; »die Macht, magische Formen hervorzubringen«; die Erinnerung an vergangene Daseinsformen«; »die Befreiung von Täuschung, die Wahrnehmung der Wirklichkeit«.

380. Tibetischer Name für Buddha Gaya in Indien. Die Gegend, in der nach der Überlieferung der geschichtliche Buddha, Siddharta Gautama, geistige Erleuchtung empfing.

381. Nicht richtig »geweiht«, sondern von einer Energie »bewohnt«, die dort verkörpert wurde.